SCHØNES SKANDINAVIEN

Von Astrid Lindgren bis Smörgåsbord

Kultur und Lebensstil unserer nordischen Nachbarn

SCHØNES SKANDINAVIEN

Von Astrid Lindgren bis Smörgåsbord

Kultur und Lebensstil unserer nordischen Nachbarn

NORDICANA mit Kajsa Kinsella

Schönes Skandinavien
Von Astrid Lindgren bis Smörgåsbord. Kultur und Lebensstil unserer nordischen Nachbarn.
ISBN 978-3-959100-71-7

Eden Books
Ein Verlag der Edel Germany GmbH

Copyright © 2016 der deutschen Ausgabe
Edel Germany GmbH
Neumühlen 17, 22763 Hamburg
www.edenbooks.de | www.facebook.com/EdenBooksBerlin | www.edel.com
2. Auflage 2017
Projektkoordination der deutschen Ausgabe: Nina Schumacher
Übersetzung: Anne Görblich-Baier
Redaktion und Satz: bookwise GmbH, München
Umschlagadaption: Judith Fuerst

Alle Rechte vorbehalten. All rights reserved.
Das Werk darf – auch teilweise – nur mit Genehmigung des Verlages wiedergegeben werden.

First published in Great Britain in 2015 by
Cassell Illustrated,
a division of Octopus Publishing Group Ltd
Carmelite House
50 Victoria Embankment
London, EC4Y 0DZ
www.octopusbooks.co.uk
Copyright © Octopus Publishing Group Ltd 2015

Printed in China

Um die kulturelle Vielfalt zu erhalten, gibt es in Deutschland und in Österreich die gesetzliche Buchpreisbindung. Für Sie, liebe Leserin und lieber Leser, bedeutet das, dass Ihr verlagsneues Buch jeweils überall dasselbe kostet, egal, ob Sie Ihre Bücher gern im Internet, in einer großen Buchhandlung oder beim kleinen Buchhändler um die Ecke kaufen.

INHALT

Einleitung **6**

Mythen & Bräuche **10**
Natürlich nordisch **40**
Skandinavisches Design **70**
Essen & Feiern **100**
Kultur- & Krimi-Ikonen **128**
Attraktionen & Architektur **158**

Händler & Adressen **182**
Register **186**
Bildnachweis & Dank **190**

EINLEITUNG

Warum begeistern sich derzeit so viele für so vieles aus dem hohen Norden? Auf den kommenden, ansprechend illustrierten Seiten finden Sie einige verdammt gute Gründe dafür.

Als Autor und jemand, der Reportagen über alle Aspekte der skandinavischen Kultur schreibt – von Ingmar Bergman und der Polizistin im Färöer Pullover bis zu Edvard Grieg und der tätowierten Hackerin im Gothic-Look –, kann ich seit Jahren meiner Leidenschaft frönen und das Beste erproben, was Dänemark, Schweden, Norwegen, Finnland und Island zu bieten haben. Dazu gehört nicht zuletzt das Essen, denn die Küche Skandinaviens kann mit weit mehr als Zimtschnecken und eingelegten Heringen aufwarten.

Was früher ausschließlich Spezialisten beschäftigt hat, ist heute das Interesse vieler: Es herrscht weltweit eine wachsende Begeisterung an skandinavischem Design, Lifestyle, Mode, Geschichte, Küche und Kultur. Wir kennen die Überfälle der Wikinger in Irland ebenso gut wie die autistische Saga Norén aus »Die Brücke«, die ungeniert das T-Shirt vor ihren Kollegen wechselt. Dank der schwedischen Wallander-Verfilmungen (und nicht der pseudo-schwedischen Adaptionen mit Kenneth Branagh) wissen wir, dass der Name des missgelaunten Polizisten mit »V« statt »W« ausgesprochen wird. Skandinavische Dinge, von denen wir nicht genug bekommen können.

Erzählt man jemandem, dass man zu einer Vier-Länder-Tour aufbricht, um etwa 50 skandinavische Regisseure, Schauspieler, Designer und Schriftsteller zu interviewen, wird man beneidet. Und macht man die Reise nicht mit dem Flugzeug, sondern mit dem Zug – im Schlafwagen –, dann sind die Kommentare geradezu begeistert: »Wie romantisch! Einen Aquavit zu schlürfen, während man über der Öresundbrücke (Titelvorlage für ›Die Brücke‹) von Schweden nach Dänemark sanft dahinrauscht – toll!« Nun ja, auch wenn die Fahrt im Nachtzug so anstrengend wie anregend war, diente sie der perfekten Vorbereitung darauf, sich mit den folgenden genussvollen Seiten zu befassen – und ich bin beeindruckt, wie viele der hier behandelten Themen es schaffen, den Geist der skandinavischen Länder heraufzubeschwören.

Es würde mich überraschen, wenn Sie etwas wirklich Wichtiges in diesem Überblick vermissen würden. Gleich zu Beginn werden wir durch das vielleicht berühmteste Floß der modernen Geschichte, der Kon-Tiki mit ihrer mutigen Besatzung, daran erinnert, dass der Abenteurer Thor Heyerdahl die Vorlage für andere kühne nautische Unternehmen

Einleitung 7

lieferte. Und schleuderte der ursprüngliche Thor, der Gott des Donners (nicht die Comicversion) wirklich »Donnerkeile« vom Himmel? Auch die Antwort darauf ist auf den folgenden Seiten zu finden.

Sie entdecken die turbulente Welt der Isländersagas, die spätere Fantasy-Autoren wie J. R. R. Tolkien und Terry Pratchett beeinflussten. Eine große Bedeutung kommt, natürlich, der skandinavischen Fassung der Beowulfsage zu, ebenso wie den blutrünstigen Trollen – gemeint sind die Original-Trolle, die unvorsichtige Reisende überfielen, und nicht die, die jetzt das Internet durchstreifen. Und haben Sie schon mal was von Türharfen gehört? Oder Liebeslöffeln? Nach dieser Lektüre werden Sie sicher einige kaufen wollen.

Und dann diese Landschaften! Entdecken Sie für sich die außergewöhnliche Schönheit der Fjorde. Oder dieses Design! Jeder weiß, wie gefragt derzeit skandinavisches Design ist (das gilt für weit mehr als nur für Möbel). Und was ist mit der Architektur? Da wäre die bereits erwähnte Öresundbrücke ... und da wir gerade dabei sind: Wenn ich ganz ehrlich bin, das Kapitel über Kultur- & Krimi-Ikonen gefällt mir am besten. Die drei führenden Damen der nordischen Krimiszene finden hier natürlich besondere Würdigung: Lisbeth Salander

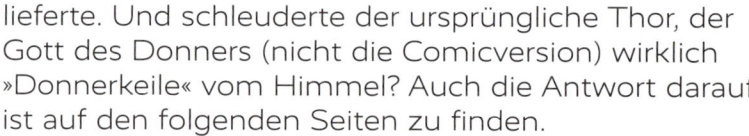

(»Millenium-Trilogie«), Sarah Lund (»Das Verbrechen«) und Saga Norén (»Die Brücke«) mit ihrer jeweils problematischen Kompromisslosigkeit, verkörpert von Noomi Rapace, Sofie Gråbøl und Sofia Helin. Nicht vergessen werden darf die Frau, die wir als die wahre dänische Ministerpräsidentin kennen: Birgitte Nyborg (trotz der Beteuerung Sidse Babett Knudsens, dass sie nur schauspielere). Aber nicht nur Schauspieler und Schauspielerinnen werden hier vorgestellt, sondern auch so wichtige Krimiautoren wie Henning Mankell (Schöpfer des übellaunigen Kurt Wallander), Stieg Larsson und der derzeit unbestrittene König skandinavischer Krimis, der Norweger Jo Nesbø. Daneben gibt es nordische Bestsellerautoren wie die glamouröse Camilla Läckberg, den liebenswürdigen Arne Dahl und die sagenhafte Astrid Lindgren zu entdecken.

»Schönes Skandinavien« zu lesen, ist fast so gut wie eine Reise nach Skandinavien – oder eine vergnügliche Vorbereitung auf diesen Trip, den Sie bestimmt bald machen wollen!

Barry Forshaw ist Autor der Bücher »Nordic Noir«, »Euro Noir« und »Death in a Cold Climate: A Guide to Scandinavian Crime Fiction«.

MYTHEN & BRÄUCHE

KON-TIKI

»Na Jungs, dann schmeißt mal die Maschinen an!«, ertönte witzelnd der Befehl an Bord des berühmten Floßes Kon-Tiki am 28. April 1947. Fünf Norweger und ein Schwede sahen den Freischlepper langsam in der Ferne verschwinden. Vor der Mannschaft lagen an die 7000 Kilometer offenes Meer. Niemand hätte ihnen ihr mulmiges Gefühl verdenken können, bei dem, was sie erwartete.

Zehn Jahre zuvor hatte der Norweger Thor Heyerdahl (1914–2002), Autor und Forscher, mit seiner Frau auf Fatu Hiva, einer Insel im Pazifischen Ozean, gelebt. Ein alter Mann, der schon immer hier lebte, erzählte ihnen eines Nachts am Strand eine Sage über seine Vorfahren. Sie waren mit der Sonne von Osten gekommen, Häuptling Tiki hatte sie geführt. Diese Sage ließ Heyerdahl aufhorchen: Er entdeckte eine bemerkenswerte Ähnlichkeit zwischen den Sagen Polynesiens und Südamerikas, speziell, was die Geschichte des Inka-Hohepriesters und Sonnengottes Kon-Tiki betraf. Bei einem Angriff auf dessen Dorf entkamen er und seine Gefährten auf einem Floß aus Balsaholz, das sie von Peru aus quer über den Pazifischen Ozean trug. Heyerdahl war überzeugt, dass die Bevölkerung der Inseln Polynesiens auf präkolumbische südamerikanische Siedler zurückgeht und nicht auf asiatische, zu deren Kontinent sie gehörten. Er wollte seine Theorie beweisen und zeigen, dass die sagenumwobene Floßfahrt möglich gewesen war.

Der Sage getreu baute Heyerdahl ein Floß aus neun Stämmen Balsaholz, Hanfseilen, Bambusgeflecht und Bananenblättern. Weder Nägel noch Draht wurden verwendet, nur Naturmaterial. Nach 101 Tagen auf See erreichten die erschöpften Männer die polynesische Insel Raroia. Heyerdahls Theorien erwiesen sich später zwar als haltlos. Dennoch war diese Expedition eine höchst beeindruckende Leistung.

LEIF ERIKSSON (970–1020)

Jedes Jahr am 9. Oktober feiern geschichtsbegeisterte Amerikaner den Isländer Leif Eriksson. Er soll als erster Europäer, 500 Jahre vor Kolumbus, seinen Fuß auf den Boden der Neuen Welt gesetzt haben.

Leif war der Sohn des Wikingers Erik des Roten, einem Entdecker, der auch in den Isländersagas (Seite 19) erwähnt wird. Erik besaß einen germanischen Leibeigenen namens Thyrker. Der lehrte Leif wertvolle Dinge und Fertigkeiten: Der Junge konnte Russisch und Keltisch lesen und schreiben, kannte sich in Flora und Fauna aus und wusste um den Gebrauch verschiedener Waffen. Vor allem faszinierte ihn das Meer, und er lauschte begeistert den Geschichten von Seefahrern und Abenteurern, die seinem Vater glichen.

Als Erik der Rote einen Gegner in einem Faustkampf tötete, wurde er für drei Jahre aus Island verbannt. Er segelte mit seiner Familie westwärts und erreichte Grönland. Dort gründete er die erste nordische Siedlung. Mit 24 Jahren segelte Leif zum ersten Mal nach Norwegen und befehligte das Schiff. Nach seiner Rückkehr nach Grönland war er ruhelos und beschloss, die unerforschten Länder im Westen ausfindig zu machen, von denen er gerüchtehalber gehört hatte. Leif und seine Truppe setzten Segel und erreichten zunächst die Baffin-Insel, bevor sie die wundervollen weißen Strände von Markland an der Ostküste Kanadas erreichten. Sie gingen im Jahr 1001 an Land und nannten es Vinland (das heutige Neufundland).

Der Rest der Welt erfuhr von diesen Pionierleistungen erst, als sie in den Isländersagas niedergeschrieben wurden. Heute gelten sie als wichtiger Meilenstein der Weltgeschichte.

STEINERNE DONNERKEILE

Man musste nicht nur schnell in Deckung gehen, wenn der nordische Gott Thor in Zorn geriet und Donner über den dunklen Himmel rollen ließ, sondern auch Schutz vor herabfallenden »Donnerkeilen« suchen.

Immer wenn es donnerte, schleuderte Thor alten Sagen zufolge heilige Steine, sogenannte *dynestein* (»Donnersteine«), auf die Erde. Er wollte damit, auch wenn es nicht so scheint, Götter und Menschen vor Chaos und Unheil schützen. Denn der Hagel aus scharfen Gesteinsbrocken schreckte Wandertrolle, Schwarzalben und andere böse Kreaturen davon ab, die Welt der Menschen zu bedrohen.

Diese Donnersteine bestanden in der Regel aus Feuerstein oder Quarz. Um sich die schützende Kraft dieser Steine zu sichern, fertigten die Wikinger daraus nützliche Gegenstände an, die sie immer mit sich führen konnten: Äxte, Messer oder Schmuck, den sie ihren Kindern um den Hals hängten. Zusätzlich wurden die Steine auch in Hauswänden zum Schutz der Bewohner vor überirdischen Mächten und Blitzen verbaut. In Wikingergräbern fand man viele solcher Steine. Manche waren wesentlich älter als die Gräber selbst, in einigen Fällen bis zu 5000 Jahre älter als der Wikinger, in dessen Besitz sie sich zuletzt befanden.

Für einen Wikinger war ein Donnerkeil nur dann echt, wenn er drei Kriterien erfüllte: Er musste dem Blatt einer Axt oder einem Hammer ähnlich sehen, ein »Flammenmuster« aufweisen (wie es für Feuerstein und Quarz typisch ist) und, als Beweis, dass er tatsächlich vom Himmel gefallen war, sollte er angeschlagene Kanten oder eine Beschädigung haben. Nur so war er »echt« genug, um das zu beschützen, was einem lieb und teuer war.

Mythen & Bräuche

KRIEGSSCHIFF VASA

Es hätte ein glorreicher Tag nationalen Triumphes werden sollen, als am 10. August 1628 das königliche Kriegsschiff Vasa im Hafen von Stockholm die Segel für seine Jungfernfahrt hisste und unter Salutschüssen langsam durch die Bucht dem offenen Meer zusteuerte.

Leider endete die Reise alles andere als glorreich. Nach nur 1300 Metern Fahrt begann die stark topplastige Vasa aufgrund einer Windböe heftig zu schwanken. Wasser drang durch die offenen Kanonenluken im Unterdeck ein. Infolge der dadurch verursachten Schräglage verrutschten die Ladung und die schweren Bronzekanonen auf dem Oberdeck. Eine Katastrophe bahnte sich an. Obwohl das Schiff zuvor einen Stabilitätstest im Dock nicht bestanden hatte, was beim erfahreneren Teil der Mannschaft schwere Bedenken ausgelöst hatte, war die verhängnisvolle Reise auf heftigen Druck des Königs hin angetreten worden. Unterschiedlichen Berichten zufolge kamen an jenem Tag etwa 30 Männer, Frauen und Kinder ums Leben (die Mannschaft hatte für den ersten Teil der Reise Gäste mit an Bord bringen dürfen).

König Gustav II. Adolf hatte das Schiff mit dem stolzen Namen seines Vorfahren Gustav Vasa drei Jahre zuvor in Auftrag gegeben. Das damals größte und am schwersten bewaffnete Kriegsschiff der Welt war mit Hunderten von handgeschnitzten, farbenprächtigen Holzfiguren und viel Dekor kostspielig verziert. Die Schnitzereien trugen Symbolkraft: schreckliche Fratzen, um die Feinde zu erschrecken, römische Soldaten, um für Vertrauen in der Mannschaft zu werben, und Schutzengel, um ihren Mut zu stärken.

Das prunkvoll majestätische Schiff ruhte, nahezu vergessen, 333 Jahre auf dem Meeresgrund. 1961 wurde es vorsichtig gehoben. In siebzehnjähriger Restaurierungsarbeit versetzte man die Vasa wieder in den früheren, glanzvollen Zustand. Heute ist sie im Vasa-Museum in Stockholm zu bewundern.

mig firir tala(e)r   fare jeg þig jeg
þu dauð ert vi þ   a þalla k. noþ ✝
laug Oliadu t eine   f. 3 v v' þā alltn v
þínsa þ vþ Bra ħ   vþ vþ þu Aad n þā
v t tat við Avollt   e er foñadr i hoge
blijd e þþo vñ m   qvid við nī t alez
t þ fvign flezt ū hl   vþ. f.   f.
vt v f en frí v tt a
     L Lviivſ. a. h. ero.

ISLÄNDERSAGAS

Island wurde um 900 n. Chr. von Skandinaviern besiedelt und ist das Land, das die detailliertesten Aufzeichnungen über die Geschichte der Wikinger in Form epischer Sagas besitzt. Darin wird nicht nur von boshaften, rachsüchtigen und mächtigen nordischen Göttern berichtet, man erfährt auch erstaunliche Einzelheiten über das alltägliche Wikingerleben.

Die Prosaerzählungen wurden zwischen 1300 und 1400 n. Chr. meist von Unbekannten niedergeschrieben, wobei einige Sagas mit speziellen Verfassern in Verbindung gebracht werden. Die Texte berichten von mittelalterlichen Wikingerbauern, die übers Meer fuhren, um an friedlichen Orten nicht wehrhafte Siedlungen zu gründen. Bald stießen die ehemaligen Bewohner der Britischen Inseln dazu, und keltische Einflüsse begannen, sich mit skandinavischen zu vermengen. Beide Traditionen vermischten sich, die Sprache blieb aber vorwiegend nordisch.

Es gibt Familien-, Helden- und Königssagas – geschrieben in einer Erzählform, die den Leser unmittelbar am Geschehen teilhaben lässt. Man kann sich gut vorstellen, wie es gewesen sein muss, den bedeutsamen Geschichten von Stammesfehden, Geächteten, Geistern und Trollen im Feuerschein nachts unter sternenklarem Himmel im Island des Spätmittelalters zu lauschen.

Viele erfolgreiche Fantasy-Autoren machten nie einen Hehl daraus, von den Isländersagas stark inspiriert worden zu sein: J. R. R. Tolkien, Sir Walter Scott und Terry Pratchett ließen sich von ihnen anregen. Wer einen Blick auf diesen unschätzbaren Teil der skandinavischen Geschichte werfen will, sollte das Isländische Nationalmuseum in Reykjavík besuchen. Dort führt eine Dauerausstellung zurück in jene faszinierende Welt.

Mythen & Bräuche

BEOWULF

»Ich bin der Schlitzer, Zerfetzer, Zertrümmerer, Augenausstecher. Der Drachenzahn, die Krallen der Nacht. Ich besitze Stärke, Gier und Macht! ICH BIN BEOWULF!«, knurrt Ray Winstone in der Spielfilm-Adaption (2007) des alten Epos über die Abenteuer des mittelalterlichen Kriegers Beowulf.

Die über 3 000 Verse umfassende Heldendichtung über den skandinavischen Heroen Beowulf ist eines der ältesten erhaltenen Werke der Literatur. Der Autor ist unbekannt. Auch wenn umstritten ist, ob Beowulf tatsächlich gelebt hat, gelten viele Charaktere und Ereignisse in dem Epos als überliefert. Ebenso ungewiss ist die Entstehungszeit des Werkes. Es soll vor 1000 n. Chr. und frühestens 580 n. Chr., dem vermuteten Todesjahr von Beowulf, geschrieben worden sein.

Das Heldenepos schildert, wie Hrothgar, König der Dänen, von dem Ungeheuer Grendel, das viele seiner Männer niedermetzelte, tyrannisiert wird. Beowulf kommt ihm mit 14 Kriegern zu Hilfe, reißt dem Monster einen Arm aus und hängt ihn als Trophäe in der Königshalle auf. Kurz darauf erscheint Grendels Mutter am Hof des Königs, um ihren tödlich verletzten Sohn zu rächen. Der tapfere Beowulf jagt sie ins Meer, um dort die Fehde zu beenden.

Es entbrennt ein heftiger Kampf neben Grendels Leiche, und Beowulf ist wieder siegreich. Er wird zum König seines eigenen Stammes gekrönt, muss aber noch gegen einen weiteren Feind in Gestalt eines bösen Drachen kämpfen. Der tapfere Krieger besiegt das Untier, stirbt aber an einer Wunde, die es ihm zufügt. Beowulf wird als König und Held mit all den Schätzen aus dem Drachenhort in einem Grab mit Blick auf das endlos weite Meer bestattet.

TROLLE

Einst gehörten Trolle mit zu den gefürchtetsten Gestalten der nordischen Sagenwelt. Im Ragnarök-Epos (in der Nordischen Mythologie die Sage vom Untergang der Götter) traten Trolle an der Seite der Riesen und aller Art unirdischer Kreaturen in einer Höllenschlacht gegen die Götter an.

Im Gegensatz zu vielen ihrer Artgenossen entwickelten sich die Trolle mit der Zeit von grausamen, wilden und blutrünstigen Bestien zu freundlicheren, weniger bedrohlichen Sagengestalten. In alten nordischen Erzählungen werden sie stets als etwas langsam und einfältig, aber auch leicht reizbar und sehr groß beschrieben. Wer nicht vorsichtig war, den konnten sie zusammen mit all seinem Vieh verschlingen. Sie sollen auch Frauen, Kinder und Tiere zu ihrem Vergnügen und für ein Abendmahl geraubt haben. In späteren Geschichten leben die Trolle glücklich und zufrieden tief in den Bergen und kümmern sich um ihre Ernte und das Vieh. Weibliche Trolle versuchen immer wieder, Männer in ihre Höhlen zu locken. Ihre halbmenschlichen Nachkommen sollen angeblich verkleidet ganz normal unter uns leben.

Auch wenn die Zahl von 322 000 Isländern, die immer noch an Feen, Alben, Gnome, Trolle und sogar Riesen glauben, nicht bestätigt werden kann (auf alle Fälle sind es mehr, als man vermutet), ist es den Bewohnern ein Bedürfnis, der Natur und Landschaft ihres Landes großen Respekt zu zollen und so dafür zu sorgen, dass der Schlummer dieser uralten Kreaturen nicht gestört wird. Aber Vorsicht! Die heutigen Trolle sind viel gewitzter in der Kunst, sich zu verkleiden, als ihre etwas dümmlichen Vorfahren. Sollten Sie also versehentlich einem Troll beggnen, dann befolgen Sie bitte diesen einen Rat: Laufen Sie um Ihr Leben und schauen Sie nicht zurück!

TUPILAK

Großes Selbstvertrauen war vonnöten, sich gegen starken Zauber und übernatürliche Kräfte zu wehren. Noch größeres, selbst einen *tupilak* gegen seinen Feind zu richten. Scheiterte das Vorhaben, konnte der böse Geist auf einen selbst zurückkommen

Befand man sich im alten Grönland im Krieg und wünschte dem Feind den Tod, konnte man einen *tupilak* vom *angakok* (einem Schamanen oder Zauberkundigen) anfertigen lassen. Dieser *tupilak* (bei den grönländischen Inuit bedeutet das Wort »Geist eines verstorbenen Vorfahren«) war ein Rachemonster, das dem persönlichen Schutz und den Interessen der Familie diente. Es wurde vom *angakok* aus einem Totem zum Leben erweckt, der aus geschnitzten Knochen, Holz, Walrosselfenbein, Teilen von Tieren, Haaren, Haut, Sehnen und manchmal sogar aus Teilen von Kinderleichen bestand.

Ein *tupilak* wurde stets heimlich angefertigt, an einem entlegenen Ort und unter strengen Sicherheitsvorkehrungen. Wäre etwas davon vorzeitig an den Feind gelangt, hätte der dem Rächer mit einem eigenen Fluch zuvorkommen können, verhängnisvoll, wenn der Betreffende über einen mächtigeren Zauber verfügt. Alles hierfür notwendige Material wurde gesammelt und dem *angakok* gebracht. Der saß dann in seiner einsamen Hütte, schlug seinen Anorak, die wetterfeste Jacke der Inuit, zurück, das Gesicht von der Kapuze bedeckt, und fügte die Teile des Totems zusammen. Er verlieh ihm magische Kräfte und gab ihm das vorgesehene Ziel vor, ein Vorgang, der mehrere Tage dauern konnte.

Der fertige *tupilak* wurde dem Meer übergeben und so auf den Feind losgelassen, um ihn zu töten. Falls der infolge mangelnder Geheimhaltung bereits gewarnt war, bestand der einzige Weg, den Zauber rückgängig zu machen und Vergeltung zu vermeiden, darin, öffentlich zu beichten und die Existenz des *tupilaks* zuzugeben.

JOULUPUKKI

Joulupukki, der Weihnachtsbock, entstammt der finnischen Mythologie. Er lebt mit Joulumuori, seiner Frau, und seinen Gehilfen in den Bergen. Joulupukki hat auch Rentiere, die einen geschenkebeladenen Schlitten ziehen (aber nicht fliegen) können. Zu Weihnachten klopft er an die Tür und begrüßt die Familien mit der legendären Frage: »Onko täällä kilttejä lapsia?« (»Sind hier brave Kinder?«)

Die einst viel düstere Verkörperung geht auf heidnische Zeit zurück, als die Wikinger nach einem langen nordischen Winter die Rückkehr der Sonne festlich begingen. Joulupukki wurde da als böse Kreatur mit Hörnern auf der Stirn und langem, weißem Bart dargestellt, ähnlich einem Bock – *joulupukki* bedeutet auf Finnisch »Jul- oder Weihnachtsbock«. Der Sage nach fuhren der nordische Gott Thor und der angelsächsische Gott Woden zur Wintersonnenwende auf die Jagd. Sie führten die Jagdgesellschaft in Thors Wagen an, und dieser wurde von den Ziegenböcken Tanngrísnir (»Zähnefletscher«) und Tanngnjóstr (»Zähneknirscher«) über den Himmel gezogen. Joulupukki wird als Verschmelzung dieser beiden Kreaturen angesehen.

In Finnland sagte man bösen Geistern nicht nur nach, Ziegenfell und Hörner zu tragen, um – besonders Kinder – durch Furcht eines Besseren zu belehren, sondern auch, dass sie Geschenke stehlen. Joulupukki nahm manchmal in der Weihnachtszeit menschliche Gestalt an, in rotem, pelzbesetztem Ledermantel mit Hose. Aus unbekannten Gründen nahm es im Laufe der Zeit mit diesem üblen Gesellen eine Wendung zum Guten. Wie sein amerikanischer Cousin, Santa Claus, bringt er finnischen Kindern nun Geschenke, statt sie zu stehlen.

WEIHNACHTSMÄNNER

In alten isländischen Überlieferungen findet sich die Geschichte von den Weihnachtsmännern: den groben, boshaften und manchmal sogar verbrecherischen Söhnen zweier übler Trolle namens Grýla (der Kinderfresserin) und Leppalúði, ihrem Mann. Grýla soll bis zu 72 Kinder gehabt haben, aber die 13 Weihnachtsmänner sind ihre berühmtesten. 13 Tage vor Weihnachten tyrannisierten sie mit Vorliebe alle isländischen Gemeinden – vor allem die einsam und verstreut gelegenen Einödhöfe – und drohten, die Kinder in ihre Höhlen zu holen und zu fressen.

Der erste Geselle, Stekkjastaur (»Schafsschreck«), erschien am 12. Dezember und wollte Milch bei den Mutterschafen säugen. Giljagaur (»Schluchtenkobold«) kam tags darauf und stahl Kuhmilch. Gefolgt von Stúfur (»Knirps«), der aus der Bratpfanne klaute. Dann zeigte sich einer nach dem anderen: Þvörusleikir (»Löffellecker«), Pottasleikir (»Topflecker«), Askasleikir (»Essnapflecker«), Hurðaskellir (»Türzuschläger«), Skyrgámur (»Quark-Gierschlund«), Bjúgnakrækir (»Wurst-Stibitzer«), Gluggagægir (»Fenstergaffer«), Gáttaþefur (»Türschlitzschnüffler«), Kjötkrókur (»Fleischangler«) und Kertasníkir (»Kerzenschnorrer«).

Im Laufe des 19. Jahrhunderts veränderte sich das Bild der Furcht einflößenden Weihnachtsmänner. Sie verloren an Grausamkeit und entwickelten sich zur sympathischen Sankt-Nikolaus-Figur sowohl im Erscheinungsbild als auch vom Charakter her. Heute stellen die isländischen Kinder in allen 13 Nächten vor Weihnachten einen Schuh aufs Fensterbrett. Und wenn sie artig waren, legen die Weihnachtsmänner eine kleine Gabe hinein. Für die Unartigen gibt es eine faule Kartoffel. Das ist zwar kein tolles Geschenk, aber immerhin, die armen Kinder kommen mit dem Leben davon!

Mythen & Bräuche

KURBITSMALEREI

Man kann wohl mit Recht behaupten, dass die Einführung des Kamins in die Architektur des Hausbaus des 17. Jahrhunderts es allen schwedischen Gesellschaftsschichten ermöglichte, sich an der Kurbitsmalerei zu erfreuen. Bis dahin waren die kleinen Häuser mit offenen Feuerstellen ausgestattet, die schrecklich rußten. Diese geschwärzten Wände auch noch besonders schön zu dekorieren, stand also nicht unbedingt ganz oben auf der To-do-Liste. Die Kamine dagegen leiteten den Rauch direkt nach oben und draußen, und die Wände blieben sauberer.

Der Kurbitsstil, wie wir ihn heute kennen, stammt aus der schwedischen Provinz Dalarna. Jahrzehntelang hatten niederländische und andere ausländische Maler in Auftragsarbeit die Hallen von Herrenhäusern dekoriert. Später übernahmen selbst geschulte Einheimische die Pflege dieser Wandmalereien und machten sich mit den niederländischen Bildmotiven, großen Renaissance-Vasen mit überquellenden Bouquets aus Blumen und Blättern, vertraut. Inspiriert, eigene skandinavische Varianten zu entwickeln, boten sie den unteren Schichten ihre Dienste an, deren Wände nun rußfrei waren und reif zum Dekorieren.

Das Wort *kurbits* stammt vom lateinischen Wort *cucurbita* (»Kürbis«) und verweist auf den fülligen, geschwungenen Stil, in dem die Dekorationen gemalt sind. Ursprünglich hatten die Motive sehr starke religiöse Bezüge: Da der Kirchgang vorgeschrieben war und die Menschen größtenteils Analphabeten waren, bildete man Bibelgeschichten oft auf Kirchenwänden und in Bettnischen ab. Später blühte die nicht religiöse Ornamentik auf.

Die Kunst der Kurbitsmalerei wurde von Generation zu Generation weitergegeben. Heute gibt es eine blühende Industrie dank bestens ausgebildeter Künstler, die mit ihrem Talent schwedische Werbeagenturen, Designer, den Tourismus und die Pflege einer stolzen Tradition unterstützen.

BUNAD

Bunad, die norwegische Nationaltracht, hat ihren Ursprung in traditioneller, bäuerlicher Kleidung. Die unterschied sich je nach Region in den Materialien sowie der Kombination und dem Dekor der Kleidungsstücke. Im Laufe der Jahrhunderte entwickelte sich die Tracht zu einem Symbol für Vielfalt, Kultur und Tradition der Norweger. Das Wort *bunad* (altnordisch *búnaðr*) bedeutet »Ausstattung« oder »Ausrüstung«.

In der Renaissance waren die Trachten nicht mehr nur Alltagskleidung, sondern nahmen modischeren Charakter an: Man setzte verstärkt farbliche Akzente, aus dem Kleid der Frauen wurde ein Rock mit Mieder, und die Mädchen trugen Schmuck und eingeflochtene Bänder in den Zöpfen, die sie zu Haarknoten banden. Die Trachten der Männer orientierten sich dagegen an den Uniformen des Militärs.

Als im 19. Jahrhundert die industrielle Revolution die Massenproduktion von Bekleidung mit sich brachte, zog die Bevölkerung andere, modernere Kleidung vor. Das Interesse an den Trachten schwand, *bunader* waren nicht mehr in, und viele regionale Stoffmuster gerieten in Vergessenheit. Aber eine sehr engagierte, entschlossene Dame namens Hulda Garborg (1862–1934) wehrte sich mit Händen und Füßen gegen das Verschwinden der *bunader*. Sie schaffte es tatsächlich, das Interesse ihrer Landsleute wieder zu wecken und die Tradition dieser wunderschönen, vielfältigen Trachten neu zu beleben.

Da man viele regionale Muster vermischt oder in all den Jahren vergessen hatte, wurde 1947 ein Regierungskomitee beauftragt, die echten *bunader* jeder Region wiederzufinden und die Charakteristika dafür festzulegen. Heute herrscht eine Vielfalt an erlesenen Trachten, die die Norweger mit Stolz, Würde und Respekt vor ihrem Nationalerbe tragen.

TÜRHARFE

Eigentlich stammt die Idee der harmonisch klingenden Türharfen aus dem Fernen Osten, aber sie sind seit Jahrhunderten in vielen nordeuropäischen Ländern beliebt. In Schweden schätzt man sie ganz besonders.

Vor etwa 700 Jahren lernten Reisende aus Skandinavien in China die hübsche, bimmelnde Haustürdekoration kennen und wurden inspiriert, diese nach der Rückkehr in ihrer Heimat nachzubauen.

Die Türharfe ist ein Holzkasten mit waagerecht angebrachten Metallsaiten und senkrechten Drähten mit Holzperlen. Beim Öffnen und Schließen der Tür spielt die Harfe eine kleine Melodie, um Eintretende zu begrüßen, ihnen Gesundheit und Wohlstand zu wünschen, aber auch, um böse Geister abzuwehren. Die chinesische Feng-Shui-Kunst wirbt für eine Harfe an jeder Eingangstür, um negative Energie abzuleiten und positive anzuziehen.

In ganz Schweden findet man in Kunstgewerbeläden die schönsten handgefertigten Willkommensharfen – traditionell in den Grundfarben Rot oder Blau, ähnlich wie bei den Dalapferden (Seite 39). Nicht genug damit: Geschickte Kunsthandwerker dekorieren die schwedischen Türharfen auch gern im Stil der komplizierten, filigranen und ornamentalen Kurbitsmalerei (Seite 29). Oft tragen die Harfen auch noch eine Beschriftung: die Hausnummer, den Namen des Hausbesitzers oder nur ein einfaches »Willkommen« als freundliche Begrüßung.

LIEBESLÖFFEL

In Skandinavien schenkten junge Männer der Dame ihres Herzens traditionell kunstvoll selbst geschnitzte hölzerne Liebeslöffel als Ausdruck ihrer Zuneigung – sozusagen um erst mal die Lage zu peilen. Behielt die Angebetete den Löffel, war das ein gutes Zeichen, möglicherweise ein Paar zu werden. Zudem bot sich dem jungen Mann dadurch die Chance, seine Geschicklichkeit unter Beweis zu stellen und dem Vater des Mädchens zu zeigen, dass er mit seinen handwerklichen Fähigkeiten eine zukünftige Familie versorgen konnte. Denn Anfang des 17. Jahrhunderts brachte man nur damit Essen auf den Tisch.

Die Löffel zierten Symbole der Romantik und Liebe: Glocken standen für Ehe, ein Herz bedeutete Liebe, ein Hufeisen Glück, ein Rad deutete die Unterstützung für die Geliebte an, ein Kreuz stand für den Glauben und ein Türriegel für Sicherheit. Besonders geschickte Holzschnitzer brachten oben auf dem Löffel ein Kästchen mit kleinen, geschnitzten Kugeln an. Die symbolisierten die Anzahl der von ihm gewünschten Kinder.

Von etwa 1650 bis 1900 war das Schnitzen dieser schönen Löffel ein beliebter Volksbrauch. Heute ist es die Domäne von Kunsthandwerkern. Viele Löffel wurden und werden zusätzlich in der sogenannten Kolrosing-Technik dekoriert. Dabei wird mit einem scharfen Messer ein Muster oder ein Name in das Holz geritzt, anschließend werden die feinen Schnittlinien mit Farbstoff ausgefüllt. Ursprünglich verlieh ein Gemisch aus tierischen Fetten und Holzkohle der Dekoration eine besonders kräftige, eindrucksvolle Kolorierung.

Heutzutage dienen die Holzlöffel oft als Geschenk bei Hochzeiten, Taufen oder Geburtstagen und hängen als Schmuckelemente an den Wänden vieler skandinavischer Wohnungen. Versuchen Sie doch mal, das Objekt Ihrer Zuneigung mit einem selbst geschnitzten Liebeslöffel zu beeindrucken! Bei einem ersten Date sollten Sie die Kugeln vielleicht vorerst weglassen ...

HOCHZEITS- ODER EHRENPFORTE

In Skandinavien gilt ein Sprichwort: »Geh langsam, wenn du's eilig hast!« Diese Weisheit trifft nicht nur auf jeden Lebensbereich zu, sondern auch auf persönliche Beziehungen. Traditionsgemäß konnte ein Paar bis zu vier Jahre verlobt sein, bis es sicher war, dass es zusammenpasste.

Ist es dann so weit, feiert man in Dänemark fröhlich Hochzeit mit viel Gesang, Tanz und Essen. Traditionell schmückt eine prächtige Girlande, die Hochzeitspforte, die Haustür der Brauteltern. Dazu werden lange Kiefernzweige zu einem Bogen geformt und an einem Holzgestell festgebunden oder angenagelt. Die Form kann rechteckig, rund oder herzförmig sein.

Die Girlanden werden entweder in der Nacht vor der Hochzeit oder am Morgen des großen Festtags angebracht und oft noch mit frischen, farblich abgestimmten Blumen der Jahreszeit geschmückt. Abgesehen davon, ist alles, was im Zusammenhang mit dem Thema Hochzeit steht, als Dekoration erlaubt. Wer will, kann oben an den Bogen ein kleines Schildchen mit den Namen des Brautpaars heften als Souvenir für später. Im Winter versehen viele die Pforte zusätzlich mit flackernden Lichterketten, um dem Ganzen noch einen etwas nordisch-magischen Touch zu verleihen.

25 Jahre später, wenn das glückliche Paar die Silberne Hochzeit feiert, wird die Ehrenpforte erneut aufgestellt. Dieses Mal vor der eigenen Haustür zu Ehren einer dauerhaften Verbindung und eines langen Ehelebens.

DALAPFERD

Kein anderer Gegenstand symbolisiert so stark die Traditionen und den Nationalstolz der Schweden wie das glänzend rote Dalapferd.

Bei den heidnischen Wikingern spielte das Pferd eine wichtige Rolle: Sleipnir, Odins Pferd, trug die toten Krieger auf seinem Rücken nach Walhall. Man sah das Tier als heilig an. Mit der Ausbreitung des Christentums um 1000 n. Chr. versuchte die Kirche, die Macht des heidnischen Glaubens zu brechen und damit auch die Symbolkraft des Pferdes. Berichten zufolge hatte man bis Mitte des 16. Jahrhunderts Männer und Frauen angeklagt, die Holzpferdchen geschnitzt hatten. Man warf ihnen vor, Missernten damit hervorzurufen.

Die einfach geschnitzten kleinen Holztierfiguren waren in ihren Anfängen ein Spielzeug, mit dem Waldbauernkinder sich in den langen, dunklen Wintermonaten beschäftigten. Später erhöhten Farbe und Schnitzdekor den Wert der Spielsachen. Im 19. Jahrhundert entwickelte sich die Herstellung von Holzpferdchen in der Provinz Dalarna in Zentralschweden zu einem eigenständigen Industriezweig. Insbesondere vier Dörfer machten sich mit der Dalapferd-Manufaktur einen Namen: Bergkarlås, Risa, Vattnäs und Nusnäs. Hier wird heute immer noch der größte Teil produziert. Das Dalapferd bekommt zuerst einen Grundanstrich, normalerweise in Rot, und wird dann von qualifizierten Kunsthandwerkern im Kurbits-Stil wundervoll verziert (Seite 29).

Mitte des 20. Jahrhunderts war das Dalapferd für das gesamte schwedische Königreich so ein gefeiertes Symbol für Stolz und Beständigkeit, dass die Nationale Kunsthandwerksinnung beschloss, das Dalapferd im schwedischen Pavillon der New Yorker Weltausstellung zu präsentieren. Heute ist das Pferd in vielen Ausführungen und Formen weltweit das stolze Aushängeschild Schwedens.

FJORDE

Auch wenn man bei Fjorden oft nur an Norwegen denkt, finden sie sich ebenso in anderen Teilen der Welt, beispielsweise Island, Alaska, Chile und Grönland. Das Wort »Fjord« leitet sich aus dem Norwegischen ab und bezeichnet eine lange, schmale und tiefe Meeresbucht zwischen hohen Felsvorsprüngen.

Jeder, der schon einmal auf einem der atemberaubend schönen, engen, nordischen Wasserwege, eingefasst von hohen Bergen, fahren durfte, wird das Gefühl kennen: Man meint, den Widerhall der Reisen von Seefahrern vergangener Zeiten zu spüren – fast erwartet man, dass ein Wikingerschiff um die nächste Kurve biegt.

Geologisch gesehen, gilt eine Meeresbucht dann als Fjord, wenn sie schmaler als lang ist und an drei Seiten von steil abfallendem Land begrenzt wird. Viele Fjorde sind unglaublich tief. Vermutlich wurden sie von riesigen, bis zu drei Kilometer breiten Gletschern geformt, die sich in mehreren Eiszeiten in den Tälern gebildet hatten. Diese Gletscher waren so schwer, dass sie auf dem Weg zum Meer die Talböden bis weit unter den Meeresspiegel u-förmig erodierten. Als das Eis langsam schmolz, füllten sich die riesigen Hohlräume mit Salzwasser, und es bildeten sich die Fjorde.

Norwegens berühmter Sognefjord, der zweitlängste Fjord der Welt, erreicht eine Maximaltiefe von 1300 Metern. Die Kies- und Sandaufschwemmungen an der flachen Mündung und eine viel ruhigere Wasseroberfläche als im offenen Meer lassen die meisten Fjorde zu natürlichen Häfen werden.

Für geschichtshungrige Touristen wird eine Fülle von Bildungsreisen entlang der norwegischen Fjorde angeboten. Sie gewähren neben allen Informationen, die man sich nur wünschen kann, faszinierende Ausblicke auf die Landschaft.

AURORA BOREALIS

Beim Anblick des magischen Polarlichts, auch Aurora Borealis und am Nordpol Nordlicht genannt, überkommt einen Gänsehaut. Ein Phänomen wie diesen »Tanz der Geister« muss man einmal selbst hautnah miterlebt haben.

Das lateinische Wort *aurora* bedeutet »Morgenröte«, und Aurora war auch der Name der römischen Göttin der Morgenröte. Boreas verkörperte den Nordwind in der griechischen Mythologie. Das Nordlicht ist eine natürliche Leuchterscheinung, ausgelöst durch die Ionen des Sonnenwinds, die durch Magnetfelder eingefangen und in Richtung Erde beschleunigt werden. Auf dem Weg dorthin stoßen sie mit Molekülen und Atomen in der Atmosphäre zusammen. Die dadurch frei werdende Energie wird in Form von Nordlichtern sichtbar, die sozusagen um den magnetischen Pol kreisen.

Die Lichter strahlen in vielen Farben, meist in Grün. Die Farben variieren aufgrund der Menge an Sauerstoff- und Stickstoffatomen in der Atmosphäre. In höheren Lagen dominiert Rot, gefolgt von Grün sowie Lila und Blau in tieferen Lagen. Innerhalb dieser dominanten Farbtöne gibt es noch viele farbliche Mischtöne. Am besten lässt sich das Lichtphänomen etwa um die Zeit der Tagundnachtgleiche im Frühling und Herbst beobachten. Es kann dabei so dunkel sein, dass man kaum etwas sieht, oder sogar hell genug, um ein Buch zu lesen.

Schon seit Jahrtausenden faszinieren die Nordlichter ihre Betrachter: Die Wikinger nahmen für die Regenbogenbrücke zwischen Midgard (Erde) und Asgard (Heim der Asen) das Nordlicht zum Vorbild. Die Finnen nannten es »Fuchsfeuer« – nach einem lappländischen Volksmärchen war ein Fuchs über den Schnee gelaufen und hatte mit seinem Schwanz dabei Funken zum Himmel aufgewirbelt. Einige schrieben das Himmelsleuchten auch den Schilden der als Walküren bekannten Kriegerinnen zu.

MOSKENSTRAUMEN

Das Wort »Mahlstrom« ist eine Kombination der holländischen Begriffe *malen* und *stroom* und bedeutet »mahlender Strom«. Ein legendärer Gezeitenstrom ist der Moskenstraumen zwischen den norwegischen Lofoten-Inseln Mosken, Moskenesøy und Værøy.

Er gilt als einer der größten und stärksten Gezeitenströme der Welt und entfaltet seine gewaltigste Kraft bei Neu- und Vollmond. Dieser mächtige rotierende Strudel entwickelt eine phänomenale Sogwirkung in die Tiefe mit einer Drehgeschwindigkeit von rund zehn bis zwölf Knoten (ca. 20 km/h).

Schon der griechische Entdecker Pytheas beschrieb vor mehr als 2000 Jahren die gigantische Kraft des Moskenstraumen. Später wurde der Mahlstrom in der »Edda« (einer Sammlung nordischer Prosadichtung aus dem 13. Jahrhundert) erwähnt. In neuerer Zeit tauchte er bei Autoren wie Edgar Allan Poe, Petter Dass und Jules Verne auf. Allerdings nahmen sich diese Schriftsteller beim Beschreiben der Gefahren des Moskenstraumen einige künstlerische Freiheiten heraus: Viele der Erzählungen haben furchterregende Illustrationen von voll bemannten großen Schiffen, die in den Abgrund gerissen werden.

Der Moskenstraumen ist ca. vier Kilometer breit und erreicht eine Tiefe von 60 Metern, er ist also wesentlich flacher als die ihn umgebenden Gewässer. Anders als die meisten anderen Mahlströme liegt er im offenen Meer statt in einem Strom oder einer Meerenge. Dadurch ist er größer und gewaltiger. Boote bringen regelmäßig Touristen hinaus, die dieses Schauspiel miterleben wollen. Sollten Sie so einen Ausflug wagen, vergessen Sie nicht, Ihren Hut festzuhalten – und auf keinen Fall die Reling loslassen!

MITTERNACHTSSONNE

Hat jemand Lust auf 24 Stunden Tageslicht ... und das gleich mehrere Monate lang? Im norwegischen Spitzbergen, der nördlichsten Siedlung Europas, geht die Sonne ab etwa Mitte April bis Mitte August nie unter. In der anderen Jahreshälfte geht sie hingegen kaum auf.

Dieses Phänomen, bekannt als Mitternachtssonne, ist an Orten nördlich des nördlichen bzw. südlich des südlichen Polarkreises eine natürliche Erscheinung. Infolge der Achsenneigung der Erde geht in diesen Regionen die Sonne in den Sommermonaten nicht unter. Direkt am arktischen und antarktischen Pol erhebt sich die Sonne nur einmal im ganzen Jahr über den Horizont und taucht erst sechs Monate später wieder unter den Horizont. Damit leitet sie die Wintermonate ein.

Das Tageslicht in diesen Regionen ist in der Regel hell und weiß. Zu vorgerückter Stunde geht es in das sanft rötlich gelbe Licht der Mitternachtssonne über, auch als »Polartag« bezeichnet. Manche Menschen berichten, dass sie sich wie verjüngt fühlten und von innerem Frieden erfüllt, nachdem sie diesem Licht ausgesetzt waren. Allerdings soll permanentes Tageslicht zu Hypomanie führen, die sich in Aufgeregtheit, Überdrehtheit oder Neigung zu Reizbarkeit und Aggressivität äußert. Diese negativen Auswirkungen verschwinden jedoch bald nach einem tiefen Schlaf in dunkler Nacht unterhalb des Polarkreises.

THERMALQUELLEN

Besucht man auf Island die mystischen heißen Quellen, in denen das Wasser aufgrund der vulkanisch aufgeheizten Felsen kräftig dampft, kann man sich in etwa vorstellen, wie es im Mittelalter war, als sich grimmige, schmutzige, von der Schlacht erschöpfte Wikingerkrieger darin tummelten.

Diese isländische Tradition des Badens reicht viele Jahrhunderte zurück, und einige der bereits in der Wikingerzeit genutzten Pools sind noch heute in Gebrauch. Es gibt zahlreiche Thermalquellen auf Island. Im Westen der Insel liegen Snorralaug und Grettislaug, zwei der eindrucksvollsten und schönsten.

In Reykjavík, der nördlichsten Hauptstadt der Welt, gibt es erstaunlicherweise einen kleinen, schneeweißen Sandstrand. Dort genießen Einheimische und Touristen an Sommertagen die wohltuende Wirkung des stark mineralhaltigen Wassers. Es soll die Heilung von Hautkrankheiten, speziell bei Schuppenflechte und Ekzemen, fördern. Im Sommer zeigt das Thermometer auf Island selten mehr als 15 Grad. Kein Problem! Das Wasser der heißen Quellen hat angenehme 37 bis 39 Grad. Und es leuchtet aufgrund des unterschiedlichen Mineralgehalts in vielen Thermalquellen in den verschiedensten Farben: von milchigem Blau bis zu hellem Smaragdgrün.

Sollten Sie im Urlaub auf Island zu weit von solchen Naturpools entfernt sein, um ihre heilenden Eigenschaften genießen zu können, dann machen Sie sich keine Sorgen. In vielen Wohngebieten und Dörfern gibt es eigens Pools für die Einwohner. Dort sind Sie sicher ein gern gesehener Gast.

ISLANDPONYS

So wie sich die Schafe auf den Färöer Inseln (Seite 90) den Platz mit den Menschen teilen, tun dies auch die wild lebenden Islandpferde – auf 300 000 Inselbewohner kommen 100 000 Tiere.

Im Jahr 871 n. Chr. kamen zwei norwegische Stammesführer, Ingólfur und sein Bruder Leifur, mit ihren Sippen nach Island. Sie brachten ihre widerstandsfähigsten Pferde mit. Bald danach zogen Siedler von den Britischen Inseln, Irland und anderen Teilen Skandinaviens nach. Auch sie besaßen Pferde. Da genügend Weideland in Island vorhanden war, ließ man die Tiere frei umherziehen. Kurze Zeit später bildeten ihre Nachkommen die Gründerrasse für die heutigen wild lebenden Islandpferde.

Die kleinen, zähen Ponys besitzen ein lebhaftes, sehr individuelles Temperament. Man lässt sie meist halbwild in Herden leben, die aus 300 bis 500 Tieren bestehen können. Gemeinsam wandern sie auf der Suche nach Futter umher und setzen sich gegen Feinde und das raue Klima zur Wehr.

Islandpferde beherrschen neben den Grundgangarten Schritt, Trab und Galopp noch die Spezialgangarten Tölt und Pass. Diese haben sich mit der Zeit entwickelt, da für die Isländer, die die Tiere als Transportmittel über weite Strecken einsetzten, eine bequeme Art des Reitens unverzichtbar war.

Da die Rasse so isoliert lebt und seit mehr als 800 Jahren rein gezüchtet wird, ist das Immunsystem der Tiere nicht allzu stabil und besonders anfällig für Krankheiten, an denen Pferde außerhalb der Insel leiden. Deshalb dürfen Pferde, die das Land verlassen, nicht mehr zurückkommen. Umgekehrt dürfen weder Pferde noch benötigte Ausrüstung ins Land gebracht werden. Im Namen der Gesundheit und der Sicherheit dieser kleinen robusten Rosse!

GRÖNLÄNDISCHER EISSCHILD

Der Eisschild Grönlands (auf Grönländisch *sermersuaq*) beeindruckt durch seine spektakuläre Größe: Er bedeckt die Riesenfläche von 1 710 000 Quadratkilometern, erstreckt sich über 1100 Kilometer an der breitesten Stelle und ist teilweise bis zu drei Kilometer dick. Das Gewicht der Eisdecke ist so immens, dass sie über Jahrtausende hinweg das umliegende, freie Land nach außen schob und eine riesige Delle in die Erdkugel drückte. Der Schild erhebt sich in zwei getrennten Kuppen: eine über 3 000 Meter hohe im Norden und eine etwas niedrigere im Süden.

Archäologische Funde belegen, dass Grönland in prähistorischer Zeit bereits um 2500 v. Chr. von mehreren Paläo-Eskimo-Stämmen besiedelt war. Mindestens drei Inuit-Gruppen kämpften damals im rauen Klima der Insel ums Überleben, ehe 986 n. Chr. die Wikinger kamen.

Es mag seltsam klingen, dass eine seit etwa 18 Millionen Jahren zu 80 Prozent mit Eis bedeckte Insel Grönland (»Grünland«) heißt. Der Name war angeblich ein cleverer Trick Eriks des Roten, einem Entdecker des 10. Jahrhunderts und Gründer der ersten nordischen Siedlung auf Grönland (Seite 14). Nachdem er aus Island verbannt worden war und auf der Insel Zuflucht gefunden hatte, nannte er sie Grönland, um Landsleute zum Nachzug zu ermutigen.

Viele organisierte Trekkingtouren und Exkursionen laden zu Wanderungen auf dem Eis ein. Hierfür brauchen Sie keine Spezialausrüstung. Ziehen Sie sehr warme Socken an und nehmen Sie Handschuhe und eine Mütze mit!

GULLFOSS

Über den Gullfoss, Islands berühmtesten Wasserfall, stürzt die schäumende Gischt des Flusses Hvítá über zwei Stufen in die Tiefe. Der Fluss entspringt dem etwa 40 Kilometer weit entfernten Langjökull-Gletscher. Durch die aufgewühlten Sedimente im Gletscherwasser wirkt der Fluss eher braun. Doch wenn die Sonne scheint, verrät Gullfoss, der »goldene Wasserfall«, wie er zu seinem Namen kam ... dann schimmert er golden. Das wirbelnde Wasser bringt Dutzende von Regenbogen hervor und bietet ein faszinierendes Schauspiel aus Bewegung, Formen und Farbe. Im Winter ist der halb gefrorene Wasserfall von dickem Eis und riesigen, glitzernden Eiszapfen bedeckt.

Ungeheure Wassermassen stürzen in die Tiefe: Im Winter rauschen etwa 80 Kubikmeter Wasser pro Sekunde hinunter, im Sommer steigt die Flut auf rund 140 Kubikmeter pro Sekunde. Die höchste je gemessene Menge waren eindrucksvolle, aber sehr gefährliche 2 000 Kubikmeter Wasser pro Sekunde.

Heute ist der Wasserfall eine der wichtigsten Attraktionen Islands. Das ist den bemerkenswerten Anstrengungen von Sigríður Tómasdóttir zu verdanken, die sich leidenschaftlich dafür einsetzte, den Wasserfall zu retten, als ihr Vater Tómas Anfang des 20. Jahrhunderts unter starken Druck gesetzt wurde, ihn in ein Wasserkraftwerk umzuwandeln. Nach langem, erbittertem Kampf gelang es ihr, den Wasserfall für zukünftige Generationen von Isländern zu erhalten.

Seien Sie sehr vorsichtig, wenn Sie den Gullfoss-Wasserfall bei rauem Wetter bewundern wollen: Der Wind kann heftig wehen, und es ist gefährlich, zu nah am Rand zu stehen! Auch können die Wanderwege im Winter äußerst glatt sein!

Natürlich nordisch

EISSCHWIMMEN

Brrrrrrr! Man muss seine natürlichen Impulse absolut unter Kontrolle haben, um das durchzustehen, was viele Skandinavier für eine normale, ja sogar angenehme Körperbetätigung halten: Eisschwimmen.

Die Nordländer genießen das Winterschwimmen oder »ins Wasser tauchen«, wie es auch heißt, seit uralten Zeiten. Traditionell wird dazu ein Loch ins dicke Eis gehackt, groß genug für ein kurzes, erfrischendes Tauchbad oder ein bis zwei Schwimmzüge. Dann geht's sofort in eine heiße, dampfende Sauna – wenn man das Glück hat, eine in der Nähe zu haben. Diese Art der schnellen, belebenden Erfrischung wird im Winter in ganz Skandinavien praktiziert.

Enthusiasten hegten den Wunsch, diesen Sport etwas aufregender zu gestalten, und kamen auf die Idee (oder für viele von uns: Folter), eine Eisschwimm-Weltmeisterschaft abzuhalten. Sie fand erstmals im Jahr 2000 statt und erfreut sich seither wachsender Teilnehmerzahlen.

Die Regeln eines Eisschwimm-Wettbewerbs sehen vor, dass die Wassertemperatur unter fünf Grad liegt und die Teilnehmer darin eine bestimmte Strecke in möglichst kurzer Zeit zurücklegen. Das Eintauchen ins eisige Wasser birgt natürlich auch einige Risiken. Zu den Vorteilen der raschen Abkühlung gehören Berichten zufolge die Verbesserung der Gedächtnisfunktion, Schmerzlinderung bei chronischen Krankheiten und Stressabbau.

Die International Ice Swimming Association, die der südafrikanische Rekord-Freiwasserschwimmer Ram Barkai 2009 gründete, bemüht sich um eine Zulassung des Eisschwimmens zu den Olympischen Winterspielen.

SAUNA

Eine finnische Sauna zu betreten, die weiche, dennoch intensive Hitze auf der Haut zu spüren, der wundervolle Geruch von Holzrauch, die friedliche Stille und die Tatsache, hier nichts anderes tun zu können, als dazusitzen, sich zu entspannen und die laute, geschäftige Welt hinter einer fest verschlossenen Tür auszusperren – zumindest für eine Weile. Was gibt es Schöneres?

In Finnland wird man kaum einen Haushalt finden, der keine Sauna hat, egal ob im Haus oder in einer kleinen Hütte im Hinterhof. Sogar Wohnblocks und Büros besitzen eigene Saunen im Keller.

»Sauna«, ein altes finnisches Wort, beschreibt den Reinigungsprozess und das Badehaus selbst. Älteste Belege für finnische Saunen sind in Abhänge gegrabene Gruben, die in den Wintermonaten oft als Wohnquartiere genutzt wurden. In diesen Behausungen fand man Feuerstellen mit großen Felssteinen darin. Sie waren angesengt und trugen sichtbare Zeichen, dass hier die Ursprünge der finnischen Sauna zu suchen sind. Man tat einfach alles, wenn es nur etwas Wärme im tiefen Winterschnee brachte.

Die Lufttemperatur in einer Sauna beträgt normalerweise zwischen 70 und 80 Grad. Selbstverständlich kann man auch über 100 Grad hinausgehen, wenn man genügend Saunaerfahrung besitzt und es aushält.

Der gesundheitliche Nutzen der Sauna ist unbestritten. Ärzte empfehlen verstärkt ihre lindernde Wirkung insbesondere bei Stress, Muskelschmerzen und Hautproblemen. Sie hilft, den Körper zu entgiften, das Immunsystem zu stärken und das Herz-Kreislauf-System zu verbessern. Außerdem kann sie für einen erholsameren Schlaf sorgen. Alles in allem: ein unschlagbarer und dazu billiger Booster für die Gesundheit.

HYGGE

Dänemark gilt allgemein als das glücklichste Land der Welt. Das große Geheimnis der friedvollen, zufriedenen Mentalität der Dänen gründet auf einer Lebensphilosophie, die sie *hygge* nennen. Sie haben das norwegische Wort im Sinne von »Wohlbefinden« auf ein umfassendes Konzept von Lebensqualitäten übertragen. *Hygge* umfasst alle Vorzüge von Gemütlichkeit, Gemeinschaft, Schlichtheit, Sicherheit, Familie und Geborgenheit.

Sich etwas Gutes tun (*at hygge sig*), heißt, den Tag zu nutzen, die Alltagsfreuden des Lebens zu genießen, aktiv zu sein und das Familienleben zu pflegen, sich zu bemühen, ein gutes Essen zu kochen, liebe Freunde zu besuchen und das schönste Geschirr aufzudecken – selbst wenn Sie nur alleine genüsslich eine Tasse Kaffee trinken.

So werden Ihre Zufriedenheit und innere Gelassenheit während des Tages in Ihren Handlungen spürbar und strahlen auf die Menschen in Ihrer Umgebung positiv aus. In gewissem Sinn ist man für das (Wohl-)Befinden der anderen verantwortlich und umgekehrt.

Zu Weihnachten hat *hygge* natürlich Hochsaison. Dann ziehen die Dänen alle Register gegen die langen, dunklen Winternächte. Ihre absolute Wunderwaffe sind Kerzen – und zwar in Unmengen.

Machen Sie einen Spaziergang im Schnee mit guten Freunden, spüren Sie, wie die Kälte in Ihre Wangen beißt. Und nach einer Schneeballschlacht erwartet Sie ein warmes, gemütliches Zuhause mit Kerzenlicht, heißer Schokolade und frisch gebackenem Brot. Das ist *hygge* pur!

SCHLITTENHUNDERENNEN

Hunde waren jahrtausendelang bei vielen Völkern für die Jagd und Fortbewegung unentbehrlich. Während des Alaska-Goldrauschs der 1890er-Jahre wurden Hunderennen als sportliche Unterhaltung beliebt. Nach der Rückkehr in ihre Heimat bauten die Skandinavier diesen schnellen, spannenden und für das nordische Klima idealen Sport weiter aus.

In den 1920er-Jahren boomte der Schlittenhundesport. Man wählte den freundlichen, energischen Sibirischen Husky als Schlittenhund, da er mit dem weichen zweischichtigen Fell und einer hohen, anpassungsfähigen Intelligenz bestens für die harten arktischen Witterungsbedingungen geeignet ist.

Das Schlittenhunderennen gehört zur weltweit am schnellsten wachsenden Sportart. Es wird in drei Hauptkategorien eingeteilt:

Nome-Stil
Der Hundeführer, auch Musher genannt, lenkt einen Schlitten mit einem Gespann aus vier bis acht Hunden und hat entweder die Uhr oder die Distanz als Konkurrenten. Das längste Rennen Skandinaviens ist der quälende, 1000 Kilometer lange Finnmarksløpet! Es gibt keinen Unterschied zwischen männlichen oder weiblichen Mushern, und ab 15 Jahren nimmt man als Erwachsener teil.

Nordischer Stil
Hier zieht oft nur ein Hund einen Skifahrer oder eine Person auf einem kleinen Schlitten über eine kürzere Distanz.

Kein Schnee
Der Musher läuft, fährt mit dem Rad hinter den Hunden her oder benutzt einen vierrädrigen Wagen. Die Rennen über drei bis zehn Kilometer sind, wie die anderen Stile, sehr schnell!

Natürlich nordisch

RENTIERE IN LAPPLAND

In den harten Wintern des eisigen Nordens findet man schwerlich Weicheres als die warme Nase eines Rentiers. In Lappland, hoch oben in Skandinavien, sind heulende Winde, Eis- und Schneemassen normale Begleiter der kältesten Jahreszeit. Diese geweihtragenden Pflanzenfresser sind jedoch Meister im Überleben unter widrigen Wetterbedingungen.

Rentierfelle haben zwei Schichten: Das innere Fell ist dick und dicht, das äußere aus hohlen, luftgefüllten Haaren dämmt die Wärme. Die Hufe passen sich an die Jahreszeiten an: Im Sommer sind sie elastisch und bieten so einen besseren Halt. Im Winter können die Tiere mit geschrumpften, verhärteten Hufen durch Schnee- und Eisschichten nach ihrem Lieblingsfutter graben: Flechten, die auf Böden, Felsen und an Baumrinden wachsen.

Am Polarkreis ist die Zucht domestizierter Rentiere weitverbreitet. Aufzucht, Herdenhaltung und die Verwertung von Fleisch, Fellen und dem restlichen Körper bilden die Lebensgrundlage der Samen, ein indigenes Volk Lapplands, dessen Lebensraum sich über den Norden Norwegens, Schwedens und Finnlands erstreckt. Die Herden laufen in einer Landschaft voller Seen, Berge, Tundren und tiefer Wälder frei umher. Der Eigentümer ist an den Ohrmarken der Tiere erkennbar. Doch fragen Sie ihn nie nach der Größe seiner Herde. Das wäre so, als wollten Sie den Stand seines Bankkontos wissen!

Rentiere wandern mit den Jahreszeiten. Jeden Frühling ziehen Herden von 50 000 bis zu 500 000 Tieren in ihr bevorzugtes Revier, um dort im Mai zu kalben. Sie bleiben den Sommer über, sammeln Kräfte und ziehen die Kälber auf. Im Herbst ziehen sie weiter, und die Paarungszeit beginnt. Den Winter verbringen sie zum Schutz vor Wetter und natürlichen Feinden im Wald.

ARCTIC CIRCLE RACE

Das Langstreckenrennen am Rande des Polarkreises war als härtester Skilanglauf der Welt konzipiert. Jeder, der das 160 Kilometer lange Rennen überstanden hat, wird das bestätigen. Die Teilnehmer haben drei Tage Zeit, eine faszinierende Schneelandschaft 65 Kilometer nördlich des Polarkreises zu durchqueren und die Zivilisation meilenweit hinter sich zu lassen. Kommen Sie also für das Abenteuer ihres Lebens nach Sisimiut, den nördlichsten eisfreien Hafen Grönlands!

Die Strecke führt durch extrem schwieriges Gelände, und obwohl das Rennen Ende März oder Anfang April stattfindet, macht der Schneefall für keinen der Teilnehmer eine Pause. Man kommt an Bergen, Seen und wilden Tieren vorbei und erlebt das berauschende Gefühl des Alleinseins in totaler Wildnis.

Im Laufe der drei Tage legen die Wettbewerber eine bestimmte Strecke bis zum Tagesziel zurück und schlagen dann ein Nachtlager auf. Die Organisatoren achten streng darauf, das Rennen so ökologisch korrekt wie möglich zu gestalten: Die Teilnehmer müssen selbst Besteck und Tassen mitbringen, und alle Einwegartikel sind wegen des zehnmal längeren Abbauprozesses aufgrund der Kälte verboten.

Das erste Rennen fand bereits im Jahr 1998 statt. Seither stieg jährlich die Anzahl der Teilnehmer an dem »Winterrennen der Rennen«. 2014 bewältigten mehr als 470 heldenhafte Langläufer die gesamte Strecke. Allerdings gäbe es gar keinen solchen Wettbewerb, wenn nicht die vielen lokalen Freiwilligen für die Sicherheit und Verpflegung der Wettkämpfer sorgen würden.

BERGENSBANE

Norwegens Bergensbane wird oft als eine der malerischsten Bahnstrecken der Welt bezeichnet. Die höchste Eisenbahnhauptlinie im Norden Europas durchquert das Hardangervidda-Plateau, der höchste Punkt liegt auf schwindelerregenden 1237 Metern über dem Meeresspiegel. Die Strecke verläuft über rund 500 Kilometer von Bergen an der Westküste Norwegens bis zur Hauptstadt Oslo. Während der siebenstündigen, höchst angenehmen Fahrt erleben Sie eine Landschaft eindrucksvoller, schöner und unberührter als alles, was Sie je gesehen haben.

Die Idee einer Eisenbahnlinie zwischen den zwei größten Städten Norwegens entstand 1871. Vom Reißbrettentwurf bis zur Einweihung, als der erste Zug die volle Strecke abfuhr, sollten jedoch noch ganze 37 Jahre vergehen.

Die Bahn wurde hauptsächlich von schwedischen Arbeitern gebaut, die die neuesten Erkenntnisse vom Bau einer Bahnlinie zwischen Norwegen und Schweden mit einbrachten. In den intensivsten Phasen des Projekts waren bis zu 1800 Männer beschäftigt. Die Strecke führt über Berge, durch dichte Wälder, vorbei an schimmernden Fjorden und durch dunkle und tiefe Tunnel. Die unglaublich vielfältige Natur ist zu jeder Jahreszeit ein wahrer Augenschmaus für jeden Besucher.

Aufgrund des schwierigen Geländes, der Höhenlagen, der heftigen Schneefälle im Winter und der Tatsache, dass es kaum Straßen für die Materialzufuhr gab, waren die Gleisverlegungen und der Bau der 113 Tunnel sehr schwierig und gefährlich. Die Arbeiter bekamen nur 2,55 Norwegische Kronen (ca. 0,35 Euro) für einen Zwölfstundentag. Denken Sie deshalb auch an diese Menschen, wenn Sie das Ergebnis ihrer harten Arbeit erleben und Norwegen genießen, wie es gesehen werden sollte … direkt im Herzen der Natur.

LANDMANNALAUGAR

In der Nähe des schlafenden Vulkans Hekla im Süden Islands liegt das Zentrum des berühmten Wandergebiets Landmannalaugar. Von hier führen viele Trekkingwege durch die vielfarbigen Berge der Gegend – Lavaströme haben sie gelb, braun, grün, rosa, schwarz, weiß und violett gefärbt.

Nach Landmannalaugar führen zwar vier Straßen, aber nur eine davon ist mit dem Auto zugänglich. Auch dieser befahrbare Weg ist ein eher holpriges Fahrvergnügen (mit dem Mietauto darf man hier nicht unterwegs sein, es sind nur Wagen mit Allradantrieb erlaubt.) Die restlichen drei Wege nach Landmannalaugar muss man sich zu Fuß erkämpfen. Es sei denn, man schafft es, ein stämmiges, mit dem Terrain vertrautes Islandpony (Seite 50) zu mieten.

Landmannalaugar, auf Deutsch etwa »die warmen Quellen der Leute von Landsveit«, ist ein beliebtes Touristenziel. Vom Ausgangscamp aus kann man sich zu einem viertägigen Marsch aufmachen und spektakuläre geologische Formationen bewundern: majestätische Berge, heiße Quellen, uralte, hügelige Lavafelder und eine riesige Wiesenlandschaft. Sind vier Tage an der frischen Luft zu viel, bieten sich auch kürzere Wanderungen zwischen einer Stunde und einem Tag an. Am Ende Ihres Abenteuers gibt es natürlich nahe des Camps eine schöne, warme Naturtherme, die darauf wartet, Ihre schmerzenden Muskeln zu besänftigen.

Man kann das Gebiet zwischen Juni und Ende September besuchen. Für den Rest des Jahres ist es aufgrund zu extremer Wetterbedingungen geschlossen.

HOTEL KAKSLAUTTANEN

Ein Aufenthalt im finnischen Hotel Kakslauttanen gehört sicher mit zum Spektakulärsten, was ein Skandinavien-Urlaub zu bieten hat. Die Naturschönheiten, die Sie umgeben, werden unvergleichliche Eindrücke hinterlassen, wertvolle Erinnerungen, die Sie Ihr Leben lang nicht mehr vergessen.

250 Kilometer vom nördlichen Polarkreis entfernt bietet das Hotel wahlweise eine »warme« oder »kalte« Nacht an. Die warme Option ist entweder eine traditionelle Blockhütte oder eines der sagenhaften Glas-Iglus, die speziell für dieses Hotel hergestellt wurden. Sie sehen wirklich umwerfend aus und sind aus einem speziellen Glas gefertigt, das für eine konstante Raumtemperatur im Iglu sorgt, auch wenn die Außentemperatur nachts unter minus 30 Grad absinkt. Das Glas ist zudem so konstruiert, dass es nicht zufriert und beschlägt, Sie können also gemütlich in Ihrem warmen Bett liegen und das faszinierende Schauspiel des Nordlichts (Seite 44) in Muße betrachten.

Bei der kalten Variante verbringen Sie die Nacht in einem richtigen Iglu. Die dicken Schneewände halten fast jeden Lärm ab und sorgen für eine gleichmäßige Temperatur von minus drei bis minus sechs Grad. Aber keine Angst, es steht Ihnen eine angenehme Nacht bevor, denn alle Gäste werden mit einem warmen Daunenschlafsack, Wollsocken und einer Mütze ausgestattet.

Neben diesem ungewöhnlichen Erlebnis können Sie sich bei einem Schlittenhunderennen (Seite 61) oder einer Langlauftour vergnügen, ans Nördliche Polarmeer fahren oder die Schneekapelle und eine Eisgalerie vor Ort besichtigen. Nach all den Aktivitäten wartet eine komplett aus Eis bestehende Bar oder das größte Schnee-Restaurant der Welt auf Sie.

SKANDI-NAVISCHES DESIGN

CATHRINEHOLM-EMAILLEGESCHIRR

Das schlichte, ansprechende Design des klassischen Cathrineholm-Emaillegeschirrs »Lotus« springt sofort ins Auge. Der satte Emailleglanz, die weichen, geschwungenen Formen, die perfekte Farbkombination und das symmetrisch-florale Design machen sie so begehrenswert.

Die Gestaltung dieser Kollektion ist den beiden norwegischen Designern Grete Prytz Kittelsen (1917–2010) und Arne Clausen (1923–1977) zu verdanken. In den frühen 1960er-Jahren erhielt Kittelsen, eine Juwelierin, preisgekrönte Designerin und führende Künstlerin der Bewegung Skandinavisches Design, vom norwegischen Hersteller Cathrineholm den Auftrag, eine neue Geschirrkollektion zu kreieren. Kittelsen entwarf Teller, Schüsseln, Töpfe und Pfannen in hellen Rot-, Gelb-, Orange-, Grün- und Blautönen. Sie erfand auch die Emaille, mit der jedes Produkt überzogen wurde und die Cathrineholm später bei allen Kollektionen verwendete.

Der Hersteller war jedoch der Meinung, dass noch etwas fehle und die Kollektion attraktiver sei, wenn sie eine Art Hingucker als Dekor besäße. Gegen Kittelsens Willen beauftragte Cathrineholm einen seiner Designer, Arne Clausen, dem Ganzen noch den letzten Schliff zu verpassen. Im Jahr 1962 wurde das kultige Lotus-Dekor entworfen und die Produktion mit Volldampf angekurbelt.

Mit der Kombination aus Kittelsens und Clausens Ideen wurde die Kollektion »Lotus« ein voller Erfolg und verkaufte sich auf der ganzen Welt. Im Jahr 1975 stellte Cathrineholm die Produktion ein. Originalstücke werden heute noch für viel Geld auf Internetauktionen gehandelt. Das Lotus-Dekor floriert jedoch weiterhin bei der 2012 gegründeten dänischen Designfirma Lucie Kaas, die in enger Zusammenarbeit mit Familie Clausen eine neue skandinavische Haushaltskollektion mit dem klassischen Design auf den Markt gebracht hat.

MARIMEKKO

1939 bis 1945 verteidigte Finnland in drei Kriegen seine Unabhängigkeit. Nach diesen dunklen Jahren brachten der Erfolg und die leuchtenden Farben des Marimekko-Designs einen Schimmer Hoffnung ins Land. Marimekko ist zu einem international gefeierten Unternehmen herangewachsen und verkauft Damen-, Herren- und Kinderkleidung, Haushaltswaren, Taschen, Schals und Accessoires. Die unverwechselbaren Stoffe sprechen eine unüberhörbare Sprache. Nach dem Motto: »Die Farbe schreit nicht, sie strahlt.«

Marimekko war die Erfindung der finnischen Textildesignerin Armi Ratia (1912–1979). Viljo, ihr Mann, betrieb eine kleine Firma, die Wachstuch bedruckte. Da Finnland wegen der Kriege kein Geld hatte, Kleidung oder Textilien zu importieren, bedruckte Ratia ihre eigenen Stoffe und verkaufte sie. Sie nannte ihr Unternehmen Marimekko (»Marias Kleid«). Einen Tag nach der ersten Modeschau wurde das Geschäft gegründet und erhielt den Namen.

Ratia hatte klare Vorstellungen, wie man Stoffe mit modernen, farbenfrohen und plakativen Prints bedruckte: Sie sollten Frohsinn und Schönheit in den Alltag tragen. Um den Kunden die Wirkung ihrer Stoffe zu demonstrieren, veranstaltete sie 1951 eine Modeschau und zeigte Kreationen von Riitta Immonen. Die Drucke stammten u. a. von Maija Isola (sie sollte zu einer der wichtigsten Designerinnen bei Marimekko werden). Doch die Einkäufer waren nicht so sehr am Kauf von Stoffen interessiert, um eigene Designs zu kreieren. Vielmehr waren die Kleider der große Hit. Schon am nächsten Morgen startete die Produktion von Marimekko-Bekleidung. 1953 beteiligte sich die Designerin Vuokko Eskolin-Nurmesniemi an der Firma und sorgte mit Maija Isola für Hunderte von kultigen Mustern und Produkten.

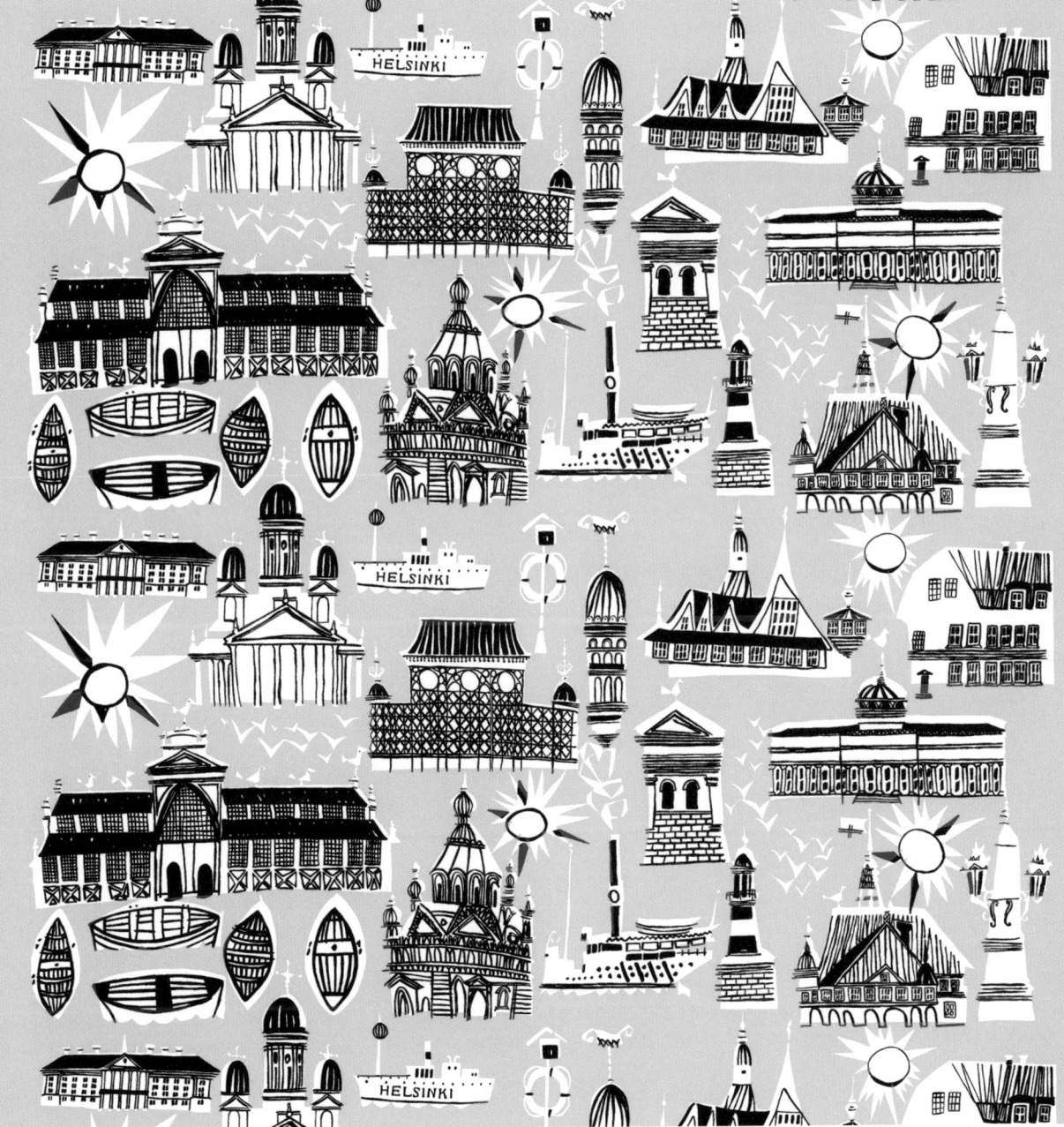

KRISTIAN VEDELS HOLZVÖGEL

Ob groß, klein, dick oder dünn – Sie entscheiden! Die muntere, von Hand geschnitzte Vogelschar, entworfen vom dänischen Designer Kristian Vedel (1923–2003), verdient ihren Ruf als weltweit bekanntes Symbol für die Qualität und Innovationsfreude des Skandinavischen Designs.

Im Jahr 1959 schuf Vedel – ein bereits etablierter und hochgelobter Kunstschreiner, Möbeldesigner, Innenarchitekt und Dozent – eine süße kleine Familie hölzerner Vögel, komplett mit Kindern, Eltern und Großeltern. Anfänglich ging nur der kleinste Vogel in Produktion. Nach dessen herzlicher Aufnahme seitens der dänischen Kundschaft war jedoch schon bald die komplette Vogelfamilie erhältlich.

Heute läuft die Fertigung dieser niedlichen Vögel, die auch an Privatkunden verkauft werden, auf vollen Touren. Alle Teile werden von Hand in einer kleinen Drechslerei in Dänemark gefertigt – aus 15 Jahre gelagerter heimischer Eiche, dunkel gebeizt oder naturbelassen.

Die Köpfe der Vögel sind nicht am Körper fixiert, so kann die Stellung des Schnabels verändert werden, um unterschiedliche Stimmungslagen auszudrücken. Die Körper lassen sich auch verkehrt herum aufstellen, um entweder ein Vogelmännchen oder ein Vogelweibchen darzustellen.

Wie beim Skandinavischen Design üblich, liegt auch hier der Schlüssel des Erfolgs in dem Wort »Einfachheit«. Vedel lässt alles Überflüssige weg und überzeugt die Welt mit einem Produkt, das wie kein anderes das Wesen schlichten Designs verkörpert.

LEGO

Der Name LEGO leitet sich aus dem Dänischen *leg godt* ab, was in etwa »viel Spaß beim Spielen« bedeutet. Jeder, der schon mal jegliches Zeitgefühl bei der Erschaffung neuer Welten aus diesen glänzend bunten Steinen verlor, weiß, was damit gemeint ist.

Ole Kirk Kristiansen (1891–1958), der LEGO-Erfinder, war ein dänischer Zimmermann, dessen unscheinbare kleine Werkstatt in der Gemeinde Billund auf Jütland zur drittgrößten Spielzeugfabrik der Welt werden sollte.

Alles begann im Jahr 1932. Kristiansen war ratlos, wie er seine vier Söhne unterhalten sollte, und begann, neben Leitern, Hockern und anderen Haushaltsgegenständen, Spielzeug aus Holz zu fertigen. Da das bei seinen Jungs sehr gut ankam, wagte Kristiansen den Schritt, es an Läden in der Region zu verkaufen. Sein zwölfjähriger Sohn Godtfred Kirk (1920–1995) packte in der Werkstatt mit an, und Vater und Sohn wurden bald ein starkes Designer- und Produktionsteam. 1934 hatte die Fabrik bereits sieben Mitarbeiter und wuchs schnell.

Mit dem Kauf einer Spritzgussmaschine im Jahr 1946 konnten Ole und Godtfred kleines Plastikspielzeug herstellen. Die Idee des Bauklötzchens war geboren. Nach viel Herumexperimentieren kam 1958 der LEGO-Baustein mit seiner cleveren Steckverbindung auf den Markt und ist heute ein anerkannter Designklassiker.

Auch wenn LEGO sich zu einer globalen Firma entwickelte, blieb es ein Familienunternehmen, das seine wichtigste Aufgabe darin sieht, Kindern weltweit beste Qualitätsprodukte für pädagogisch sinnvolle und vergnügliche Spiele anzubieten.

Skandinavisches Design

SERIE 7

Nur wenige Produkte verkörpern die Design-Ideale einer Nation so perfekt wie der 1955 entworfene Stuhl Serie 7. Mit seiner ikonenhaften Form und der robusten, aber leichtgewichtigen Konstruktion repräsentiert Serie 7 auch heute noch die ideale Kombination aus Gestaltung und Zweckmäßigkeit.

Der Designer des Stuhls, Arne Jacobsen (1902–1971), wurde treffend als »unerbittlich kreative Lokomotive« beschrieben, die sich mehr als ein halbes Jahrhundert ihren Weg durch die dänische Design- und Architekturlandschaft bahnte. Jacobsen besaß einen unendlichen Erfinder- und Forschergeist. Ehe er seine Projekte zu Papier brachte, hatte er sie komplett im Kopf konstruiert – seine Blaupausen weisen eine verblüffende Detailgenauigkeit auf, wenn man sie mit dem Endprodukt vergleicht.

Jacobsen entwarf im Laufe seiner Karriere Häuser, Bank- und öffentliche Gebäude, Hotels, Tapeten, Textilien, Möbel, Bestecke und sogar Aschenbecher. In den frühen 1950er-Jahren kaufte er sich einen neuen Atelierstuhl aus Sperrholz, entworfen von den amerikanischen Designern Charles und Ray Eames. Dieser Stuhl beflügelte die Inspiration des Dänen, sodass er eine dreibeinige Version davon entwickelte: die berühmte »Ameise«. Der von Jacobsens Geschäftspartner Fritz Hansen produzierte Stuhl wurde auf Anhieb ein Erfolg.

Der Ameise folgte schnell die Serie 7, ein vierbeiniger, stapelbarer Stuhl aus gepresstem Furnierholz. Dieses Modell sollte die Welt des Designs erobern und hat sich nachhaltig bewährt. Es wurde inzwischen millionenfach verkauft, und es gibt keine Anzeichen für ein Nachlassen der Käufergunst.

Skandinavisches Design

PH-ARTICHOKE-PENDELLEUCHTE

Der Designer Poul Henningsen (1894–1967) entwarf zahlreiche Leuchten für den Hersteller Louis Poulsen, aber die »Artischocke« (auf Dänisch »koglen«) sticht aus allen hervor. Seit 1958 hat sie sich wegen des zeitlos klassischen Designs bewährt und erfreut sich noch immer wachsender Beliebtheit.

Bei der PH Artichoke sind 72 Blätter überlappend so angeordnet, dass die Glühbirne nicht zu sehen ist. Dadurch entsteht ein weiches und gleichmäßig diffuses Licht. Die ursprüngliche Modellreihe in Stahl, Kupfer und Weiß wurde 2008 zum 50. Geburtstag um ein Modell aus Glas erweitert.

Henningsen wurde in Ordrup, einer Stadt nördlich von Kopenhagen, geboren. Als junger Mann studierte er Architektur und Technik, brachte es aber nie zu einem Abschluss. Zusammen mit seinen Kollegen Hans Hansen und Mogens Voltelen eröffnete der Autodidakt-Designer und Erfinder im Jahr 1919 in Kopenhagen ein eigenes Atelier für Design.

Gerüchten zufolge entstand Henningsens weltberühmte Leuchte mit dem weichen Licht nur, weil sich seine Mutter Agnes über das harte, blendende Licht der modernen Glühlampen beschwerte. (Sie behauptete, es lasse sie zu faltig aussehen.) Henningsen experimentierte unermüdlich und entwickelte seine inzwischen berühmte Technik, durch die das Licht viel weicher und gleichmäßiger gestreut wird – so wie der sanfte, beruhigende Schein der Petroleumlampen, mit denen er aufgewachsen war.

Bald festigte er seinen Ruf als großer Designer mit einem Prototyp, der ersten PH-Lampe, auch als Pariser Lampe bekannt. Mit ihr gewann er 1925 auf der Art-déco-Weltausstellung in Paris einen Preis. Er entwarf Hunderte von Varianten zu diesem Thema, einschließlich der PH Artichoke.

FÜNF-RÖHREN-RADIO

1925 beschlossen die befreundeten dänischen Studenten Peter Bang (1900–1957) und Svend Olufsen (1897–1949), ihre außergewöhnlichen technischen Talente und die Begeisterung für Klang in einer gemeinsamen Firma zu vereinen. Die innovative Kultmarke Bang & Olufsen war geboren.

Die Firma saß in Struer, einer Kleinstadt im Nordwesten Dänemarks. Bang kümmerte sich um die Technik, Olufsen ums Geschäft. Der Start fiel zeitlich ideal mit der Einführung des Tonfilms zusammen. Bei einem Besuch 1925 in New York hatte Bang sehr frühe Tonfilme gesehen, worauf die beiden ein System zur wesentlichen Verbesserung der Klangqualität im Kinosaal entwickelten. Als 1928 »Steamboat Willie«, der erste vertonte Zeichentrickfilm von Walt Disney, nach Dänemark kam, wurde bei der Premiere ein Soundsystem von Bang & Olufsen verwendet. Damit war der kommerzielle Erfolg gesichert.

Aber erst die Markteinführung des Fünf-Röhren-Radios (Five Lamper) im Jahr 1929 machte das Unternehmen zu einem Begriff in Dänemark. Das Radio beeindruckte durch seine Klangqualität und glich noch dazu einem Schmuckkästchen. Das Gerät, aus Ahorn- und Walnussholz im eleganten Art-déco-Stil gefertigt, passte perfekt in die Wohnungen der Vorkriegszeit. Es herrschte schnell eine rege Nachfrage. Ein paar Jahre später bekam es einen Grammofonaufsatz, um die neuen 78er-Schallplatten abspielen zu können.

Bang und Olufsen sahen es stets als ihre Pflicht an, den Kunden absolut beste Klangqualität zu bieten. Jeder, der seine Lieblingsmusik einmal über einen ihrer Kopfhörer gehört hat, muss zugeben, dass ihnen das auch gelungen ist.

Skandinavisches Design

»UNISEX«-WOLLFILZPANTOFFELN

1992 brachte Pia Wallén ihre »Unisex«-Wollfilzpantoffeln auf den Markt, die frischen Innovationgeist und Respekt vor der skandinavischen Geschichte vereinen. Wallén war durch Erzählungen vom finnischen Winterkrieg (1939–1940) inspiriert worden: Soldaten hatten damals bei Temperaturen von bis zu minus 50 Grad versucht, ihre Füße mit Wollfilzeinlagen in den Stiefeln warm zu halten.

Wallén, 1957 in Schweden geboren und eine preisgekrönte Designerin, erforscht die Eleganz der »Reduktion«. Sie will eine emotionale Verbindung zwischen einem Objekt und seinem Benutzer herstellen. Ihre einfachen, eleganten und perfekt ausgeführten Entwürfe sind tief in der schwedischen Kultur verwurzelt. Mit die wichtigste Inspirationsquelle ist das traditionelle schwedische Handwerk, das sie sehr verehrt. Seit über 20 Jahren entwirft Wallén Designs, die mehr und mehr gefragt sind. Sie basieren auf dem Kontrast zwischen ihrem minimalistischen Stil und einem Material, das am Beginn ihrer kreativen Reise wegen seiner Unbeliebtheit als fast vergessen galt: Wollfilz.

Die »Unisex«-Pantoffeln besitzen eine Profil-Gummisohle und bestehen sonst zu 100 Prozent aus Wollfilz in kräftigen Farben wie Grün, Rot, Schwarz, Weiß, Grau und Blau. Die charakteristische Zickzacknaht an der Vorder- und Rückseite ist das einzige dekorative Detail der nach dem Einfachheitsprinzip hergestellten Pantoffeln. Sie hält die Filzteile zusammen und verkörpert gleichzeitig die Idee unverstellter, funktionaler modischer Gestaltung.

HANDGESTRICKTE SELBU-SOCKEN

Es gibt nichts Wohligeres und Angenehmeres, als in handgestrickte Selbu-Socken schlüpfen zu können. Die Originale aus Norwegen, als kleiner Echtheitsbeweis mit einer Selbu-Rose versehen, sind am besten.

Der Ursprung dieser traditionellen Fußbekleidung liegt in der kleinen Gemeinde Selbu. Dort kam 1841 ein Mädchen zur Welt, das einen Strickstil erfand, der Norwegen für immer einen Platz in der Modewelt verschaffen sollte. Ein normales Utensil für Kirchgängerinnen waren damals Fäustlinge – warm und bequem, aber farblos und unförmig. Marit Emstad arbeitet in ihrer Jugend als Melkerin auf einem Bergbauernhof und war, wie viele Mädchen ihres Alters, geschickt im Stricken. Sie experimentierte herum und fügte den Strickmustern noch eine zusätzliche Farbe hinzu. Man kann sich die Reaktion der Kirchengemeinde vorstellen, als sie mit ihrer Schwester in die Kirche kam und flotte, exakt passende, schwarz-weiß gemusterte Handschuhe trug.

Die anderen Frauen folgten ihrem Beispiel, anfangs etwas skeptisch, und strickten im gleichen Stil. Nicht lange, und man übertrug diese Art des Mischens und Abgleichens von Farben auf andere Kleidungsstücke, wie Pullis, Mützen, Schals und … Socken.

1890 startete man mit der Einzelhandelsproduktion von Socken, aber erst in der Zeit zwischen den beiden Weltkriegen wurden die Selbu-Strickwaren in Skandinavien und dem Rest der Welt berühmt. Heute ist eine breit gefächerte Produktpalette im typischen Selbu-Muster erhältlich. Traditionell in Schwarz-Weiß gehalten, gibt es mittlerweile aber auch andere Farbkombinationen.

Skandinavisches Design

ALVAR AALTOS SAVOY-VASE

Es war ein Glücksfall für die Besitzer des Savoy-Restaurants in Helsinki, dass der finnische Architekt Alvar Aalto (1898–1976) ihr neues Luxuslokal ausstattete. Als Teil der Innenausstattung kreierte Aalto neben vielen anderen genialen Dingen seine heute weltberühmte Vase. Das Design war so verblüffend und originell, dass eine einfache Bleistiftskizze der apart gewellten Vase den ersten Preis eines Wettbewerbs für die Pariser Weltausstellung 1937 gewann – erst danach ging sie in Produktion. Die Auszeichnung unterstreicht die Bedeutung der Vase als Ikone finnischen Designs.

Aalto wurde im finnischen Kuortane geboren und studierte Architektur an der Technischen Hochschule in Helsinki. 1921 zog er nach Jyväskylä an der Finnischen Seenplatte und erwarb erste praktische Erfahrungen. Der unerschrockene junge Mann verfügte über großes Selbstvertrauen – auf den Namensschildern draußen an seinen Architekturbüros prangte sein Name in riesigen Lettern. Er wurde schnell einer der gefragtesten Architekten Finnlands und entwarf viele architektonische Meisterwerke in seinem Heimatland und in aller Welt. Sein berühmtestes Projekt ist das Paimio-Sanatorium von 1932.

In enger Zusammenarbeit mit seiner Frau Aino, die er 1924 heiratete, war er zunehmend daran interessiert, für seine architektonischen Projekte auch die Innenraumausstattung und das Mobiliar zu entwerfen wie den Paimio-Stuhl oder den Hocker 60. Nach dem Erfolg seiner exquisiten Savoy-Vase kreierte Aalto eine durch diese fließende Form inspirierte Glaskollektion. Das Sortiment umfasste hohe, niedrige, weite, schmale, große und kleine Vasen, die in nahezu allen Farben des Lichtspektrums erhältlich waren.

Heute werden die Aalto-Glaswaren ausschließlich von der traditionsreichen Glashütte und finnischen Designmarke Iittala hergestellt. Iittala konzentriert sich darauf, mithilfe einheimischer Künstler Designklassiker zu schaffen.

GUSTAVIANISCHER STIL

Schwedens König Gustav III. (1746–1792) war bei einem Besuch des Schlosses Versailles so beeindruckt von dessen Größe und Pracht, dass er beschloss, sofort nach seiner Rückkehr in Stockholm diesen opulenten Stil nachzubilden. Schweden war zu jener Zeit aufgrund seines Reichtums an Holz und Eisenerz ein äußerst wohlhabendes Land. Und da dem König reichlich Mittel zur Verfügung standen, baute er – zu einem hohen Preis für seine Untertanen.

Der Gustavianische Stil – wie die Designs und Dekors in Zusammenhang mit König Gustav III. genannt wurden – war eine perfekte Kombination von französischem Luxus und schwedischer Zurückhaltung. Typische Merkmale waren blasse Farben, große, vergoldete Spiegel, dekorativ bemalte Wände und Möbel und große schwedische Mora-Uhren in jedem Raum. Nicht zu übersehen: Den Ballsaal und alle Gemächer schmückten riesige Kronleuchter mit Tausenden funkelnder kristallener Tropfen.

Gustav III. machte sich viele Feinde. Nachdem er 1771 den Thron bestiegen hatte, entmachtete er in einem Putsch Adel und Reichstag, riss die Macht der Regierung an sich und unternahm alles, um die königliche Vorherrschaft und Autokratie wieder einzuführen. Und er steckte Unmengen öffentlicher Gelder in aufwendige Kultur- und Architekturprojekte. Kurz vor Mitternacht am 16. März 1792 mischte sich ein Attentäter unter die geladenen Gäste eines Maskenballs in Stockholm und feuerte einen Schuss auf den König ab. Gustav III. verbrachte 13 qualvolle Tage, bis er schließlich seinen Verletzungen erlag.

Skandinavisches Design

STOKKE TRIPP-TRAPP-HOCHSTUHL

Bei einem Familienessen sah der norwegische Möbeldesigner Peter Opsvik (geb. 1939), dass sein kleiner Sohn Thor von einem normalen Stuhl aus die Tischplatte nicht erreichte und ein normaler Kinderhochstuhl ihn zu sehr von den anderen am Tisch trennte. Opsvik hatte eine Idee und verwirklichte sie 1972 in Form des revolutionären, verstellbaren Tripp-Trapp-Hochstuhls.

Der für Kinder aller Altersklassen entworfene Stuhl hat eine dem Wachstum des Kindes entsprechend nach oben beziehungsweise unten verstellbare Sitzfläche und Fußstütze. Auch ein Erwachsener kann bequem darauf sitzen. Die Konstruktion ermöglicht es dem Kind, egal wie groß es ist, die Tischplatte zu erreichen. Damit kann sich auch das jüngste Familienmitglied wie alle anderen an den Tischgesprächen beteiligen.

Der Tripp-Trapp-Hochstuhl war zu Beginn der 1970er-Jahre eine absolute Novität, aber trotz der genialen Konstruktion verkaufte er sich anfangs nur mäßig. Erst nachdem er im Jahr 1974 in einer TV-Show gezeigt wurde, stiegen die Verkaufszahlen.

Opsvik entwarf den Stuhl für die 1932 gegründete norwegische Firma Stokke, ein Unternehmen mit hohen ethischen Ansprüchen: Es bietet nicht nur intelligente, zuverlässige und komfortable Problemlösungen, die die Entwicklung und das Wachstum von Kindern fördern, sondern setzt sich auch für den Planeten ein, den die Kinder von uns erben werden. Den Stuhl, ursprünglich aus Buche gefertigt, gibt es heute in vielen verschiedenen Ausführungen und Farben, mit hellen, abnehmbaren und bequemen Polstern.

Skandinavisches Design

FÄRÖER PULLOVER

Der Färöer Archipel besteht aus 18 Inseln, die zwischen dem Europäischen Nordmeer und dem Nordatlantik, auf halber Strecke zwischen Island und Norwegen liegen. Rund 50 000 Menschen leben auf diesen vorzeitlichen Inseln und drohen von den mehr als 70 000 flauschigen Färöer Schafen, mit denen sie sich das Land teilen, verdrängt zu werden.

Die Bezeichnung »Färöer« soll sich aus dem Altnordischen für »Schafsinsel« ableiten. Es liegt nahe, dass diese wundervoll wolligen Tiere die Grundlage der lokalen Strickwarenindustrie bilden, die einst wegen des Bedarfs an warmer Winterkleidung entstand. Mit der Zeit jedoch entwickelten sich der charakteristische Strickstil und die Kombination der Muster der ehemals praktischen Arbeitskleidung der Inselbewohner zu einem unverwechselbaren Modestatement.

Die Wolle der robusten Färöer Schafe besitzt einen hohen Lanolingehalt. Der macht sie warm und relativ wasserdicht. Die schönen, kuscheligen Schals, Handschuhe und vor allem die Pullis mit den unverkennbar nordischen Mustern werden in verschiedensten Farben von den einheimischen Frauen gestrickt, die diese Tradition von Generation zu Generation weitergeben.

Die Strickwarenindustrie der Färöer Inseln rückte kürzlich durch die flauschigen Pullis von Kriminalbeamtin Sarah Lund in der dänischen TV-Serie »Kommissarin Lund – Das Verbrechen« (Seite 138) verdientermaßen ins Licht der Öffentlichkeit. Lunds Pullis (jeweils einer für drei Folgen) entwarfen Guðrun & Guðrun. Das von dem färöischen Designerteam Guðrun Ludvig und Guðrun Rógvadóttir im Jahr 2007 gegründete Unternehmen hat sich mit einer breiten Produktpalette, die auch von Kaufhäusern wie Harrods in London geführt wird, international einen Namen gemacht.

HUMMEL HIGH-TOPS

Weltweit tragen Menschen die genialen, coolen Hummel High-Tops, egal, ob sie Basket-, Hand- oder Volleyball, Rugby, Shinty (eine schottische Hockeyvariante), Futsal, Unihockey oder Fußball spielen oder gar keinen Sport treiben. In den 1990er-Jahren hat sich Hummel vom einfachen Sportschuhhersteller zum beliebten Label entwickelt. Bekanntestes Modell ist der High-Top mit dem Doppelwinkel als Firmenlogo. Und da »Retro« nie aus der Mode kommt, wird die Firma sicher weiterwachsen.

Das Unternehmen entstand irgendwann im Jahr 1923, als der deutsche Schuhmacher Albert Messmer in strömendem Regen ein Fußballspiel verfolgte. Er sah, wie die Spieler im Schlamm rutschten, und hatte einen Aha-Moment: Er würde Fußballschuhe mit Stollen herstellen. Stollen sind an der Schuhsohle fixierte Stifte, damit der Spieler einen besseren Halt findet. Auch andere Schuhmacher hatten bereits damit experimentiert, aber Messmer sollte es besser machen.

Noch im selben Jahr gründeten er und sein Bruder eine Firma, die sie »Hummel« nannten. Das Geschäft lief anfangs gut, aber 1935 mussten die Brüder Konkurs anmelden. Im Laufe der folgenden Jahre ging Hummel durch viele Hände und wurde 1980 zu 100 Prozent dänisch. 1999 kaufte es der dänische Unternehmer Christian Stadil, Erfinder des Slogans »Verändere die Welt durch Sport!«. Heute ist Hummel bestrebt, die Welt zu einem besseren Ort zu machen: durch die Verwendung von recycelten Materialien in ihren Produkten und die Unterstützung verschiedener »Karma-Projekte« für Kinder und Jugendliche in Kriegs- und Krisengebieten.

SWEDISH HASBEENS

Beim Anblick schwedischer Holzschuhe könnte man es niemandem verdenken, wenn er sie für das unbequemste Schuhwerk der Welt hielte. Weit gefehlt! Wenn sich Ihr Fuß erst mal entspannt und an den stabilen Holzabsatz angeschmiegt hat, passgenau von dem straffen Lederoberteil gehalten, werden Sie die Schuhe wahrscheinlich nicht mehr ausziehen wollen.

Es gibt heute viele Arten von Schuhen mit Holzsohle, aber die kommen nicht an die solide verarbeiteten, echten schwedischen Holz-Clogs heran. Das dachte sich auch die Schwedin Emy Blixt, die zufällig auf eine große Menge von Holzschuhen und Taschen aus den 1970er-Jahren im Keller einer geschlossenen Schuhfabrik stieß. Blixt brachte es nicht übers Herz, die Sachen verrotten zu lassen – sie war mit Holzschuhen aufgewachsen, wie alle Männer, Frauen und Kinder, die sie kannte. Deshalb beschloss sie, das Schicksal der schlichten Schuhe, die etwas an Beliebtheit eingebüßt hatten, in die Hand zu nehmen: Es war die Geburtsstunde der Swedish Hasbeens.

Im Sommer 2006 gründete Blixt mit Cilla Wingård-Neumann, einer Freundin aus Kindertagen, eine Firma, um die Swedish Hasbeens auf den Markt zu bringen. Die Schuhe waren sofort ein Erfolg, und sie werden heute weltweit in Geschäften verkauft. Der Großteil der Produktion erfolgt noch in Schweden.

Die Produktpalette wurde erweitert um Taschen, Gürtel und eine große Auswahl an sehr bequemen Schuhen, Stiefeln und Sandalen, die in allen Farben und Größen erhältlich sind. Aber alles trägt ganz unverkennbar den klassischen Look des Swedish-Hasbeens-Stils.

Skandinavisches Design

ILSE JACOBSENS GUMMISTIEFEL

Nördlich der dänischen Hauptstadt Kopenhagen liegt die idyllische Küstenstadt Hornbæk, die schon viele berühmte Künstler und kreative Geister des hohen Nordens inspirierte. Das trifft ganz gewiss auch für die dänische Schuhdesignerin Ilse Jacobsen zu, die das Städtchen als unverzichtbare Inspirationsquelle betrachtet und sich hier zu Hause fühlt.

Jacobsen wollte ursprünglich nicht ins Modegeschäft, auch wenn sie schon immer sehr kreativ war. Sie studierte Politologie und Betriebswirtschaft. Nach dem Examen kehrte sie in ihr geliebtes Hornbæk zurück und eröffnete ein Restaurant. Aber das Schicksal hatte andere Pläne mit ihr. Ein Freund besaß einen Schuhladen und fragte, ob sie ihn übernehmen wolle. Nach einigen Jahren, in denen sie die Schuhe anderer verkauft hatte, kam Jacobsen zu dem Schluss, dass sie der Schuhindustrie auch eine Menge zu bieten hatte, und brachte 1993 ihre eigene Marke heraus: »Ilse Jacobsen Hornbæk«.

Ihre Idee ist, dem Kunden Design und Material bester Qualität anzubieten – inspiriert durch ihre skandinavisch-ländlichen Wurzeln und verbunden mit dem Wunsch, ihm etwas ebenso Bequemes wie Attraktives zu offerieren. Das heutige Sortiment umfasst neben Schuhen auch Kleidung und Accessoires.

Jacobsens unbestrittener Bestseller sind die geschnürten Gummistiefel, beliebt bei Frauen in der ganzen Welt. Die Stiefel sind aus reinem Naturgummi gefertigt und innen mit einem sehr weichen Baumwollfleece gefüttert. Es gibt auch speziell dafür entworfene, flauschige Innensocken für den Winter. Alle Stiefel sind handgefertigt, und jedes Paar benötigt drei Monate für die Herstellung. Die Schnürung vorne besitzt absoluten Kultcharakter.

ACNE PISTOL BOOTS

Soll's richtig scharf aussehen? Dann sind Acnes Pistol Boots genau richtig! Mit dem kultigen Reißverschluss und einem breiten Absatz sind die Stiefeletten ein cooler Mix aus Motorrad- und Cowboystiefeln. Es gibt davon unzählige Kopien. Aber nichts kommt an die trendigen Originale ran.

Die Geschichte von Acne begann 1996, als Jonny Johansson, Creative Director, mit drei Freunden den Grundstein dafür legte, was sich zu einem weltweiten Phänomen entwickeln sollte. 1997 tauchte die Firma wie aus dem Nichts auf der Bildfläche auf, als Johansson 100 gerade geschnittene Jeans mit einer hellroten Steppnaht versah und sie an Freunde, Familie und ein paar Mode-Insider verschenkte. Wie es der Zufall wollte, griffen »Vogue Paris« und das »Wallpaper* Magazin« das Jeansmodell auf.

»Wir hätten das anders nennen sollen …«, erklärte Johansson mal zu dem ungewöhnlichen Markennamen. Aber das Team hielt daran fest. Später wurde daraus Acne Studio. Die Buchstaben stehen für die Vision der Firma: »Ambition to create novel expression«. Diese Einstellung spiegelt sich in vielen Produkten der Marke wider. Johansson lässt sich von Musik, Literatur, Kunst, Fotografie und Design inspirieren. Deshalb findet sich in den futuristischen, klinisch anmutenden Acne-Läden ein buntes Angebot: Zeitschriften, Bücher, Schuhe, Accessoires, Möbel und Konfektionsware für Frauen und Männer. Die Firma kooperiert oft mit bekannten Designern, Künstlern und Handwerkern, um limitierte Exklusivauflagen herzustellen, ebenso für Ausstellungen in Acne-Läden in allen großen Modezentren wie London, Paris, Stockholm, New York und Tokio.

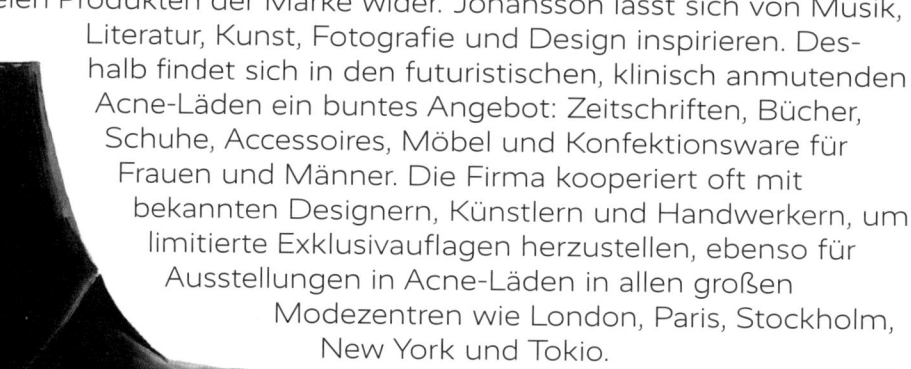

MALENE BIRGER

Wird man wie Malene Birger (geb. 1962) von MTV Europa zur »Queen of Fashion« Kopenhagens gekürt, kann man mit Recht sagen, dass man es geschafft hat. 2011 wurde zu Ehren dänischen Designs eine Briefmarke mit einer ihrer Skizzen herausgegeben. Damit hat man sie als eine der wichtigsten dänischen Vertreterinnen der heutigen Mode verewigt.

Ihr unverkennbarer Stil ist eine traumhafte Mischung aus kräftigen Farben, Prints und Mustern, wobei die verwendeten Materialien und die Drapierung eine höchst feminine Silhouette erzeugen. Birgers Kleider sind elegant und doch leicht tragbar. Sie zählt Helena Christensen, Sidse Babett Knudsen (Seite 147) und Sofie Gråbøl (Seite 138) zu ihren prominenten Kundinnen. Auch bei den Mitgliedern der Königshäuser auf der ganzen Welt ist sie beliebt: Catherine, Herzogin von Cambridge, Prinzessin Victoria von Schweden und Kronprinzessin Mary von Dänemark sieht man oft ihre Kreationen tragen.

Nach mehreren Auszeichnungen für ihre Arbeit als Chefdesignerin anderer Modefirmen fühlte sich Birger Mitte der 1990er-Jahre bereit, auf eigenen Füßen zu stehen. Im Jahr 1997 gründete sie mit ihrem Geschäftspartner Keld Mikkelsen die Firma Day Birger et Mikkelsen und lancierte 2003 ihr Label By Malene Birger. Ihre Arbeitsweise bestehe laut eigener Aussage darin, bei Entwürfen ihrem Bauchgefühl zu folgen und keine Kompromisse einzugehen. Mit diesen Grundsätzen hat sie eindeutig Erfolg. Ihr Label wird heute in über 40 Ländern geführt. 2010 verkaufte Birger die Firma und trat als Creative Director zurück, um sich ganz auf ihr Interior-Design-Unternehmen Birger No. 1962 zu konzentrieren und ihre Arbeit als UNICEF-Sonderbotschafterin fortzusetzen.

SANDQVIST-RUCKSACK

Anton Sandqvist, einem Senkrechtstarter mit steiler Karriere in einem Elektronikunternehmen, wurde eines Tages bewusst, dass bei ihm jedes Jahr über 100 Reisetage anfielen. Er hielt inne und überdachte sein Leben. Irgendetwas fehlte ihm. Er wusste auch bald, was es war – er sehnte sich danach, etwas Kreatives zu machen. Im Herbst 2004 fand Sandqvist eine Industrienähmaschine im Internet, stellte sie im Keller auf und begann, eine Tasche für sich selbst zu nähen.

Seine Inspirationsquelle war die Messenger Bag der Schweizer Marke Freitag. Nach 30 Stunden harter Arbeit hatte Sandqvist sein erstes Produkt hergestellt und erhielt eine Menge Komplimente dafür. Er kontaktierte einige Händler und startete bald darauf eine kleine Einzelhandelsproduktion. Anton betrieb das Geschäft mit seinem Bruder Daniel und Schulfreund Sebastian Westin so erfolgreich, dass er die Produktion nach China verlegen musste.

2007 kam die erste komplette Kollektion von Herrentaschen auf den Markt und fand auf der Internationalen Modemesse in Kopenhagen großen Anklang. Das internationale Geschäft rollte an.

Als Sandqvist ein Buch über den norwegischen Forscher Roald Amundsen las, kam ihm die Idee, einen Rucksack aus Segeltuch und Leder zu erfinden. Der wurde so ein Hit, dass Sandqvist noch eine Reihe weiterer Rucksäcke entwickelte. Sie sind heute wesentlicher Bestandteil seiner Kollektion. Das Unternehmen produziert auch Taschen und andere Accessoires für Frauen und Kinder und gilt als eines der angesagtesten schwedischen Labels.

MITTSOMMERFEST

Den skandinavischen Mittsommerabend erfüllt ein geheimnisvoller Zauber, und er sollte barfuß in hohem, weichem Gras verbracht werden – mit Tanz zu traditioneller Musik im Kreis von Freunden und der Familie.

Mittsommer wird zur Sommersonnenwende (am längsten Tag des Jahres) gefeiert. In der nördlichen Hemisphäre fällt sie auf den 21. oder 22. Juni (je nach Kalenderabweichungen). An dem ehemals heidnischen Festtag beschwor man die Fruchtbarkeit des Bodens und erhoffte sich so eine gute Ernte. Mit der Sonnwendfeier verbanden sich viele Rituale und Bräuche: Die Häuser wurden außen und innen mit selbst geflochtenen Kränzen und Girlanden geschmückt. Diese Symbole sollten den Wunsch nach Kraft und Leben zum Ausdruck bringen. Und man entzündete große Feuer, um böse Geister abzuwehren, von denen man glaubte, sie würden gerade um diese Zeit zusammen mit abscheulichen Hexen die Menschen heimsuchen.

Heute wird weniger ängstlich gefeiert, und wie bei fast allen skandinavischen Festen dürfen Essen und Musik nicht fehlen. Auf langen, weiß gedeckten Tischen stehen köstliche Gerichte im Überfluss. Dazu wird die traditionelle Mittsommerstange aufgerichtet und mit frischen Blumen geschmückt. Die Gäste kommen in ihren Nationaltrachten, und die Musikanten spielen bis tief in die Nacht Volkstänze wie Schottische, Mazurkas, Polkas, Dreher, Walzer und Hambos für Jung und Alt.

Man sagt, wenn ein junges Mädchen sieben verschiedene Sommerblumen in aller Stille pflückt, über sieben Steinmauern springt und dann den Strauß in dieser speziellen Nacht unter ihr Kopfkissen legt, wird sie von ihrer großen Liebe träumen.

Essen & Feiern

MARINIERTER HERING

Ein bekanntes skandinavisches Sprichwort lautet: »Jeder Hering sollte dreimal schwimmen: einmal im Meer, einmal im Essig und schließlich im Aquavit, den wir als Begleitung dazu trinken!«

Die Liebe der Schweden zum Hering kann gar nicht stark genug betont werden, und sie scheint um das Jahr 1000 n. Chr. im Süden des Landes begonnen zu haben. Der Heringsfang war eine der einfachsten Arbeiten, die ein Mann verrichten konnte, dank vieler und unglaublich dichter Schwärme – manche bis zu zehn Kilometer lang und mit Millionen von Fischen. Man erzählte sich Geschichten darüber, wie schwierig es war, mit dem Boot durchs wimmelnde Gewässer zu rudern, oder von Heringen, die von selbst in das Boot sprangen und es füllten. Bei solchen Mengen war es also notwendig, für Lagerung und Transport Konservierungstechniken zu entwickeln.

Im Laufe der Jahrhunderte erlebte der Salzhering einen spektakulären Aufstieg vom verachteten Armeleuteessen zu einem geschätzten und gefeierten Nationalgericht, denn Mitte des 15. Jahrhunderts wurde er von den oberen Klassen entdeckt. Seither ist marinierter Hering (Schwed. *inlagd sill*) das Herzstück jedes *smörgåsbord* (Seite 121), das etwas auf sich hält. Auch Carl XVI. Gustaf, König von Schweden, soll ein begeisterter Meister im Einlegen von Hering sein. Es heißt, dass er sich gern mit dem königlichen Küchenchef über dieses Thema austausche.

»Das Silber des Meeres und das Gold des Gaumens« lautet das Motto der »Skånska Sillaacademien« (Schonische Heringsakademie), einer begeisterten Gruppe von Heringsliebhabern in Südschweden, die ihre Zeit der Bewahrung, Entwicklung und Förderung des marinierten Herings widmet. Die Gesellschaft veranstaltet große Festessen, bei denen die Gäste neue Rezepte ausprobieren und etwas über ihr kulturelles Erbe erfahren können, und organisiert auch Konferenzen außerhalb Skandinaviens. Zweifellos wurde dank des engagierten Vereins manch zögerlicher Skeptiker zum Herings-Fan!

PREISELBEEREN

Es gibt nichts Majestätischeres, als einen tiefen, dunklen, skandinavischen Wald zu betreten und unter den Füßen den weichen Boden zu spüren, der sich wie ein Teppich aus üppig wuchernden Pflanzen anfühlt. Der intensive Duft ruft uralte Erinnerungen wach und trifft einen mitten ins Herz ... Schnappen Sie sich also Ihr Körbchen, wir gehen Preiselbeeren pflücken!

In Anbetracht der langen, kalten Winter und der relativ kurzen Sommer sind diese Beeren im hohen Norden eine ideale Frucht. Die niedrigwüchsige, immergrüne Pflanze übersteht Kälte von bis zu minus 40 Grad und trägt im August und September Unmengen von kleinen, roten Beeren. Die Preiselbeeren gedeihen in den sauren Böden von Kiefernwäldern. Also gehen wir dorthin, wenn wir aus den Beeren unsere Lieblingsmarmelade, Gelee oder Saft machen wollen.

Die Beeren enthalten Benzoesäure. Diese wirkt wie ein natürliches Konservierungsmittel und sorgt für eine lange Haltbarkeit der daraus gefertigten Produkte – sogar bei Zugabe nur geringer Zuckermengen. Die Beeren sind darüber hinaus voller Vitamine und Mineralien und werden häufig als wirksames Heilmittel bei Harnwegsinfektionen eingesetzt.

Wir lieben unsere Preiselbeeren in wirklich jeder Zubereitungsart, besonders jedoch als Fruchtdrink *(lingonsaft)*, als eingemachte Preiselbeeren *(lingonsylt)*, oder als Beilage für die traditionellen Hackbällchen *(köttbullar*, Seite 111). In Skandinavien gehören Preiselbeeren zu vielen Gerichten, egal, ob es um einfache Hausmannskost oder eine königliche Hochzeit geht.

BRENNIVÍN

Der isländische Name »Brennivín« bedeutet »brennender Wein«. Jedes skandinavische Land hat eine ähnliche Spirituose, aber keine kommt an den »Schwarzen Tod« oder das »Teufelsgebräu« heran, wie der Schnaps der Isländer auch genannt wird. Ein nordisches Sprichwort besagt: »Ein geliebtes Kind hat viele Namen …«

Brennivín ist das typische Getränk Islands, dennoch würden viele Isländer heute nie auf die Idee kommen, es anzurühren. In heidnischer Zeit dagegen war es durchaus üblich, sich bei besonderen Anlässen patriotisch zu geben und einen Schluck zu nehmen, vor allem beim Þorrablót, einem Opferfest für den nordischen Gott Thor (oder Þórr auf Isländisch), das Mitte Januar stattfand. Dieses Fest wird immer noch gefeiert, glücklicherweise jedoch mit viel weniger Tieropfern. Keine Angst, es gibt reichlich zu essen und zu trinken! Natürlich darf bei diesem jährlichen Event der Brennivín nicht fehlen, der einen stolzen, quasi halluzinogenen Alkoholgehalt von 80 Prozent aufweist.

Die Grundlage für Brennivín bildet fermentierte Getreide- oder Kartoffelpulpe. Das Aroma bekommt er vor allem von pflanzlichen Zusätzen wie Engelwurz, Kümmel und Kreuzkümmel. Die Kräuter lässt man lange im Alkohol ziehen, um möglichst viele Aromastoffe zu extrahieren.

Brennivín schmeckt am besten gut gekühlt aus kleinen Schnapsgläsern. Um das kulinarische Vergnügen zu steigern, sollte er zu *hákarl* gereicht werden, einem traditionell isländischen Gericht aus fermentiertem Haifischfleisch.

Essen & Feiern

WALDERDBEEREN

Viele Skandinavier besitzen diese schöne Kindheitserinnerung: sich ganz früh an einem Sommermorgen durchs taufrische Gras an eine Walderdbeerstelle herangepirscht zu haben, um den rubinroten Schatz zu plündern.

Vor Einführung der Gartenerdbeere (die größere, heute allgemein bekannte Sorte) wurden weithin Walderdbeeren kultiviert. In unseren Tagen werden diese jedoch nur noch in ganz geringem Maße für den Feinschmeckerbedarf angebaut. Die Beeren sind sehr klein, bersten aber schier vor Aroma.

Die Pflanzen benötigen sehr wenig Pflege und vermehren sich durch Bildung langer, fadiger Triebe (raschwüchsige Ausläufer, die neue Pflanzen bilden). Wilde Erdbeeren dürfen nicht zu tief gesetzt werden und bevorzugen eine sonnige und ruhige Lage. Unter diesen Bedingungen liefern sie den ganzen Sommer zarte, leckere, kleine, rote Beeren. Abenteuerlustige können auch gelbe, weiße und grüne Sorten ausprobieren. Die Farbe entwickelt sich, noch bevor die Beeren ganz reifen. Also: Nicht zu früh ernten!

Für Skandinavier haben Walderdbeeren eine ganz spezielle Faszination: Die bescheidene Größe und relative Seltenheit der Beeren scheint ihnen etwas Magisches zu verleihen. Das schlichte Vergnügen, die kleinen, roten, unter großen, dunklen Blättern versteckten Beeren zu suchen, ruft selbst bei griesgrämigen Erwachsenen ein kindliches Gefühl der Freude hervor.

KÖTTBULLAR

Bereist man die skandinavischen Länder, kommt man nicht umhin, zu bemerken, dass Hackbällchen traditionell immer noch Teil des Frühstücks, Mittag- und Abendessens sind – und nichts an Beliebtheit eingebüßt haben. Diese Hackbällchen, die nicht mehr als 2,5 Zentimeter Durchmesser haben sollten, werden auf herkömmliche Weise zu gleichen Teilen aus Rinder- und Schweinehackfleisch hergestellt. Mit viel Glück bekommt man sie aus Kalbs-, Reh-, Wildschwein-, Rentier- oder sogar Elchhackfleisch.

In Dänemark heißen sie *frikadeller*, in Finnland *lihapullat*, in Norwegen *kjøttboller*, in Island *kjötbollur* und in Schweden werden sie *köttbullar* genannt. König Karl XII. von Schweden entdeckte das Rezept, als er Anfang des 18. Jahrhunderts nach einer verlorenen Schlacht ins Osmanische Reich floh, und brachte es bei seiner Rückkehr in den Norden mit.

Die Hackbällchen gehen ganz einfach: Man vermengt das Rinder- und Schweinehackfleisch, fügt fein gehackte frische oder angebratene Zwiebeln, in Milch eingeweichtes Weißbrot, ein Ei, Meersalz, weißen Pfeffer und eine Prise Piment hinzu. Dann die Bällchen in Butter braten, bis sie rundum gebräunt und gar sind. Mit Kartoffelbrei, süßen, eingelegten Gurken und selbst gemachter Preiselbeermarmelade (Seite 106) servieren. Ohne eine leckere Soße ist das Gericht jedoch nicht vollständig. Dazu den Bratensaft in der Pfanne mit einem Klecks Sahne oder dreien verrühren. Abschmecken. Ein Gedicht!

Essen & Feiern

SKYR

Unter den Begriffen *Streptococcus salivarius ssp. thermophilus* und *Lactobacillus delbrueckii ssp. bulgaricus* stellen sich die meisten von uns nicht auf Anhieb einen erfrischenden, leckeren Mittagssnack vor – die Isländer schon.

Diese Bakterien sind zwei der wichtigsten Komponenten in Islands beliebtester Milchprodukt-Delikatesse: *skyr*. Die Konservierungstechniken, die bei der Herstellung von *skyr* angewendet werden, stammen wahrscheinlich von den norwegischen Wikingern, die das Land in Besitz nahmen. Nachdem sie das Töten, Brennen und Plündern beendet hatten, ließen sie sich nieder und teilten schließlich ihr Wissen mit den dortigen Inselbewohnern.

Skyr hat eine gewisse Ähnlichkeit mit dickem, cremigem Joghurt, ist aber eine Art Frischkäse. Er hat einen leicht säuerlichen Geschmack, mit einem kaum wahrnehmbaren Hauch von Restsüße. Traditionell sollte *skyr* aus Rohmilch produziert werden – viele Isländer würden sich weigern, etwas anderes zu verwenden –, aber in unseren gesundheitsbewussten Zeiten muss er für den kommerziellen Vertrieb aus pasteurisierter Milch hergestellt sein.

Da der nahezu vollkommen fettfreie *skyr* große Mengen an Kalzium und Eiweiß enthält, ist er die ideale Nahrung für aktive, auf die Gesundheit achtende Menschen. Aber auch der Rest von uns kann ihn aufgrund seines geringen Kaloriengehalts mit einer Prise Zimt und Zucker auf einem Fladenbrot fast ohne Schuldgefühle genießen. Dieses nahrhafte Produkt ist sicher mit ein wesentlicher Faktor, dass die Isländer die höchste Lebenserwartung in Europa haben!

KARELISCHE PIROGGE

Finnland, das Land der Tausend Seen und endlosen Wälder, liegt zwischen Russland und Schweden und rühmt sich einer Küche mit vielen ländlichen Gerichten aus dem Osten, gepaart mit modernen, westlichen Einflüssen. Das Ergebnis ist eine Mischung aus deftigen, bekömmlichen, gesunden Speisen, die die tiefe Verbundenheit zu einer multikulturellen Vergangenheit belegen.

Als der Zweite Weltkrieg in Mittel- und Nordeuropa wütete, wurden weite Teile der finnischen Region Nordkarelien zum Schlachtfeld. Viele Karelier waren gezwungen, in andere Landesteile zu flüchten, und nahmen ihre lokalen Traditionen und rustikalen Rezepte mit. Mit das berühmteste unter ihnen ist wohl die *karjalanpiirakka*, die sogenannte karelische Pirogge.

Zugegeben, es nimmt Zeit in Anspruch, diese leckeren Piroggen zuzubereiten. Aber jeder, der sie mal gemacht hat, weiß, dass sich die Mühe lohnt. Traditionell bestehen sie aus Roggenteig, der zuerst dünn und ovalförmig ausgerollt und dann mit sehr dickem Milchreis gefüllt wird, der mindestens 45 Minuten gekocht haben muss. Die Seiten des Teigs werden bis zur Mitte hin eingerollt und angedrückt. Anschließend bäckt man die Teigtaschen im vorgeheizten Ofen 25 bis 30 Minuten, bis sie gar und knusprig sind.

Um diese Pirogge wirklich stilecht als großes Geschmackserlebnis echter nordischer Tradition erleben zu können, sollte sie abschließend mit *munavoi* (Eibutter), einer Mischung aus Sahnebutter und gehackten harten Eiern, gekrönt werden.

Essen & Feiern

NOMA

Noma, eine Kombination aus *nordisk* (nordisch) und *mad* (Essen), war ein Geistesblitz von Claus Meyer (geb. 1963), einem international bekannten Kochbuchautor, Fernsehstar, Unternehmer und Professor, der Ende 2002 die Idee hatte, ein Restaurant zu eröffnen, das vor allem Nordisches und Regionales anbietet.

René Redzepi (geb. 1977) war ein hoch qualifizierter und bereits renommierter Küchenchef (mit 25!), als Meyer ihm vorschlug, mit ihm ein Restaurant zu eröffnen und ein völlig neues Nordic-Food-Konzept zu entwickeln. Redzepi arbeitete zu jener Zeit im exklusiven Restaurant Kong Hans Kælder in Kopenhagen. Aber Meyers Angebot war zu verlockend. Er konnte es nicht ablehnen, Küchenchef und Mitinhaber eines neuen Unternehmens zu werden.

Das 2004 gegründete Lokal liegt direkt am Wasser im Hafen von Kopenhagen, im einst heruntergekommenen, heute schicken Stadtteil Christianshavn. Anfänglich blieb der Erfolg aus. Doch dann gewann das Restaurant langsam, aber sicher weltweite Aufmerksamkeit, erhielt Beifall von angesehenen Kritikern auf der ganzen Welt und hat inzwischen zwei Michelin-Sterne. 2017 will das Noma im autonomen Stadtteil Christiania ein neues Restaurantkonzept starten – mit Urban Gardening und radikal saisonaler Menüfolge.

Ein Besuch im Noma ist zweifellos ein ganz außergewöhnliches Erlebnis. Man bekommt etwa 20 kleine Teller mit nördlichen Köstlichkeiten serviert, weit ab von allem, was man je zuvor gegessen hat. Auf der Speisekarte finden sich Gerichte wie Garnelen und Gänsefuß, Rettich und Hefe, Blumen-Tartes, eingelegte und geräucherte Wachteleier, Fladenbrot mit Wildrosen, karamellisierte Milch und Seeteufelleber, Kabeljaurogen auf gegrilltem Lauch sowie Rindstatar und Ameisen. Alles genial einfallsreich dargeboten.

Es dürfte niemanden überraschen, der je das Vergnügen hatte, im Noma gespeist zu haben, dass es vom »Restaurant Magazine« 2010, 2011, 2012 und 2014 zum World's Best Restaurant ernannt wurde.

SALMIAKKI

Zahlreiche Lakritzsorten behaupten, weltweit die besten zu sein, aber keine von ihnen hat eine Chance gegen finnische *salmiakki*. Bei dem intensiv süß-salzigen Geschmack, der einen fast umwirft, wenn man ihn nicht kennt, ist eines sicher: Man wird nie den Moment vergessen, als man zum ersten Mal diese spezielle Süßigkeit probierte.

Das harte, rabenschwarze, rautenförmige Bonbon enthält einen relativ hohen Gehalt an Ammoniumchlorid (Salmiak), dessen Geschmack gewöhnungsbedürftig ist. Die Kombination wurde im 18. Jahrhundert als Hustenmedizin entwickelt. Sie erwies sich später als ein so erfolgreiches Aroma, dass eine Süßware daraus entstand, die in Nordeuropa schnell an Beliebtheit gewann.

Ursprünglich war *salmiakki* ein Markenname des finnischen Süßwarenherstellers Fazer. Bald wurde er ein Oberbegriff für die vielen Varianten dieser ganz besonders intensiven Lakritzsorte. Der Geschmack ist so beliebt, dass die Finnen *salmiakki* auch in der Küche verwenden: zum Marinieren von Fleisch und Aromatisieren von Spirituosen, für Eis, Brot, Dips und Soßen und zur Herstellung ausgefallener Cola-Getränke. Sogar ein modernes finnisches Modelabel widmet seine gesamte Linie diesem Bonbon: Handtaschen, Ohrringe und Halsketten in der unverwechselbaren Form der *Salmiakki*-Raute.

Essen & Feiern

KANELBULLE

Auch wenn die schwedische Zimtschnecke (schwedisch *kanelbulle*) noch vergleichsweise neu in der Backlandschaft Skandinaviens ist, ist ihre Stellung in der Küche des Nordens unumstritten. Ohne diese Köstlichkeit wäre jede *fika* (Kaffeepause) eine höchst traurige Angelegenheit.

Zimt, eines der ältesten Gewürze der Welt, hat seinen Weg nach Skandinavien mithilfe von reisenden Händlern im frühen 14. Jahrhundert gefunden. Lange Zeit wurde es vor allem zum Aromatisieren von Bier verwendet. Auch der intensive, wohlduftende Kardamom wurde zu jener Zeit im Norden bekannt.

In den 1920er-Jahren, als der schwedischen Bevölkerung Zucker und Mehl reichlich zur Verfügung standen, konnten die Hausfrauen auch mal zum Vergnügen backen und nicht immer nur aus reiner Notwendigkeit. Man entdeckte die unschlagbare Kombination von Zimt, Kardamom, Zucker und Butter – und ein köstlicher Backgeruch erfüllte die Häuser.

Eine clevere Hausfrau irgendwo in Schweden erfand in den 1960er-Jahren das typische Aussehen der Zimtschnecken: zu einer festen, dekorativen Schnecke gedreht, mit einer Mischung aus verquirltem Ei, einer Prise Salz und etwas Wasser bestrichen, schließlich mit Hagelzucker bestreut (dieser Zucker schmilzt auch bei hohen Temperaturen nicht) und im heißen Ofen formvollendet gebacken.

Für die *kanelbulle* wurde im Jahr 1999 sogar ein eigener Nationaltag eingeführt: Am 4. Oktober feiern die Skandinavier dieses Gebäck, das sie alle immer wieder bei einer Tasse Kaffee in einer hochgeschätzten, kurzen Pause etwas näher zusammenbringt.

BOLLER

Der Ursprung der *boller* – Norwegens beliebteste Brötchen, die man zu jeder Tageszeit isst – ist offenbar den Norwegern selbst ein Rätsel. Trotzdem betrachten die Einheimischen den Verzehr dieser *boller* als eine Art Initiationsritus: Man ist kein Norweger, ehe man nicht eines gegessen hat. Gemessen an der Vielfalt der Varianten, Aromen und Füllungen, könnte man sogar behaupten, dass sie Ausdruck eines norwegischen Way of Life sind.

Wie viele andere skandinavische Gebäckarten sind *boller* nicht allzu süß, sie enthalten lediglich eine Prise Zucker. Der Grundteig wird mit Kardamom aromatisiert und liefert die Basis für süße oder herzhafte Füllungen. Traditionell kamen Rosinen in die Brötchen, die so klein sind, dass sie in eine Hand passen. Heutzutage lassen viele die Rosinen weg und essen die Brötchen pur mit Butter, Schokoaufstrich, Konfitüre oder anderen selbst gemachten Marmeladen. Die erklärten Lieblinge der Schulkinder sind *skoleboller*: mit Vanillepudding gefüllt, Zuckerglasur überzogen und gerösteten Kokosraspeln garniert. Pikante Füllungen bestehen aus Salami, Käse, Krautsalat und Gurke.

Das Grundrezept lässt sich jederzeit dem eigenen Geschmack anpassen. Manche geben Vollkornmehl und Hülsenfrüchte als Ballaststoffe in den Teig, andere gewürfelten norwegischen Braunkäse oder geräucherte Schinkenstückchen und streuen vor dem Backen noch Körner darauf. Gewürze und Kräuter verleihen mehr Aroma – die Möglichkeiten sind unbegrenzt. Erfinden Sie doch Ihre eigene *boller*-Variante und machen Sie es wie die Norweger: Essen Sie sie morgens, mittags und abends!

Essen & Feiern

SMÖRGÅSBORD

Der Ursprung dieser Weltberühmtheit liegt im 14. Jahrhundert, als die schwedische Oberschicht Snacks vom *brännvinsbord*, dem »Branntweintisch« – einem kleinen Beistelltisch mit Happen wie Brot, Butter, Käse, Hering und vielen alkoholischen Getränken –, noch vor dem eigentlichen Mahl einnahm. Der Brauch gewann Mitte des 17. Jahrhunderts an Beliebtheit, da man größere Tische besaß und sie in die Mitte des Raums stellte. Das Büfett mit warmen und kalten Speisen wurde besonders in Hotels entlang der Eisenbahnrouten geschätzt, als Hauptgang für Gäste und Reisende.

1912 fanden die Olympischen Spiele in Stockholm statt, ein Ereignis, das die Mahlzeit *smörgåsbord* (das Wort »smörgås« bedeutet »belegtes Brötchen«) auf die kulinarische Landkarte setzen sollte. Viele Restaurants in der Welt übernahmen den Büfettstil. 1939 sorgte das Three Crowns Restaurant im schwedischen Pavillon der New Yorker Weltausstellung für internationales Aufsehen, als es auf der Speisekarte ein *smörgåsbord* ankündigte.

Ein gelungenes, korrekt arrangiertes *smörgåsbord* setzt sich aus fünf Speisegruppen zusammen, wobei jede Gruppe einen Gang repräsentiert. Für all die Kostproben benötigt man also mindestens fünf Teller, wobei es eine feste Menüabfolge gibt, die streng eingehalten werden muss. Die Schweden lieben es, wenn alles ruhig und geordnet abläuft. Es ist eine Todsünde, sich den Teller vollzuladen, und man riskiert, sich lächerlich zu machen.

Auf einem glanzvollen *smörgåsbord* stehen mindestens 60 Gerichte sowie eine Vielzahl an Soßen und, natürlich, schwedischer *brännvin*, der einem den Atem raubt. Viel Spaß!

Essen & Feiern

FÄVIKEN

Es gibt viele schicke und teure Restaurants, auf die man gut und gern verzichten kann. Das kleine und exquisite Fäviken zählt nicht dazu. Magnus Nilssons bemerkenswerte Küche kennenzulernen, gehört mit zu den Dingen, die man sich nicht entgehen lassen sollte.

Nilsson (geb. 1983) ist ein Mann, der sich der echten skandinavischen Hausmannskost verpflichtet fühlt. Sein Lokal liegt tief in der nicht sehr einladenden, rauen Gegend von Järpen, in der Gemeinde Åre, 750 Kilometer nördlich von Stockholm, auf einem 8000 Hektar großen Anwesen. Seit Eröffnung des Restaurants 2008 genießt Nilsson weltweit Respekt und Anerkennung für sein unermüdliches, innovatives Streben, autark zu wirtschaften und saisonale Produkte auf traditionelle, umweltbewusste Weise zu verarbeiten. Bis auf wenige Ausnahmen werden die Zutaten für seine Gerichte von dem großen Bauernhof bezogen, auf dessen Gelände das Restaurant liegt, oder von lokalen Lieferanten in unmittelbarer Nähe.

Das Restaurant bietet nur Platz für 16 Personen, und da es so abgelegen ist, muss man übernachten, um das kulinarische Erlebnis richtig genießen zu können. Das nimmt man gern in Kauf, da die atemberaubende Aussicht auf die felsig-schroffe Landschaft allein schon ihr Geld wert ist.

Das gesamte Menü richtet sich nach der entsprechenden Jahreszeit, und was Nilsson auch immer im örtlichen Teich fängt, verdient die Bezeichnung »Fisch des Tages«. Im Sommer werden die Speisekammern bis unters Dach mit Obst, Gemüse, Kräutern und mehr gefüllt, um für den Winter gerüstet zu sein. Oft wird Gemüse serviert, das bis zu acht Monate gelagert wurde!

Mit der Einschätzung des Gastrokritikers Adam Sachs als »weltweit mutigstes Restaurant« und dem Platz 19 in der Rangliste der World's Best Restaurants 2014 haben Nilsson und sein Team eine verdiente Auszeichnung bekommen.

WEIHNACHTSDEKORATION

In den nordischen Ländern schätzt man handgemachten Weihnachtsschmuck sehr. Jung und Alt basteln zu Hause bei einem kleinen Plausch. Oft laden sogar Schulen und soziale Einrichtungen Kinder und Erwachsene für einen ganzen Abend ein, um Weihnachtsvorbereitungen zu treffen.

Jeder, der einmal in ein weihnachtlich geschmücktes Haus in Skandinavien eingeladen wurde, weiß, dass es nur wenig Vergleichbares gibt, das so eine freudige Erwartung auf das kommende Fest hervorruft. Skandinavier lieben Kerzen aller Art; wahrscheinlich ist das auf die langen und sehr dunklen Wintermonate zurückzuführen. In allen Ecken des Hauses stehen brennende Kerzen, die ein warmes, behagliches Licht verbreiten. Viele Kinder basteln in der Schule Adventskerzenständer. Die werden vor jedem Weihnachtsfest vom Dachboden geholt – oft zum Leidwesen des Bastlers.

Der Weihnachtsbaum muss selbstverständlich eine echte Kiefer sein. Sie wird geschmückt, bis sich die Äste biegen: mit Engelchen, Kränzen, Herzen, Ziegen aus Stroh und, natürlich, Unmengen von Strohsternen. Auch Pfefferkuchen sind ein Muss in jedem weihnachtlichen Haus in Skandinavien. Oft werden sie auch als Dekoration verwendet und in Form von Herzen, Sternen und Rentieren auf ein rotes Schmuckband aufgezogen und ins Fenster gehängt.

Jeder Winkel ist mit weißen Papiersternen, Kobolden, Weihnachtsmännern, Fliegenpilzen und wunderschönen selbst gemachten Plätzchen dekoriert. Das skandinavische Weihnachten ist unübertroffen!

GLÖGG

Der Duft von heißem Glühwein, der einem an der Tür bei der Rückkehr von einem sportlichen Spaziergang in der frostigen Winterlandschaft entgegenkommt, ist unbeschreiblich köstlich: Die Luft ist erfüllt vom Geruch nach Nelken, Zimt, Kardamom, Ingwer, Orangen und natürlich Wein.

Die Tradition, heißen, süßen und gewürzten Wein zu trinken, stammt aus der Antike: Die alten Griechen und Römer waren sehr angetan davon. Reisende, die Südeuropa besuchten, brachten es mit nach Skandinavien, wo das Getränk, wen wundert's, mit offenen Armen aufgenommen wurde.

In Schweden tauchte der Begriff *glögg* als Bezeichnung für das Getränk im frühen 17. Jahrhundert auf: Das Wort *glödga* bedeutet »aufheizen, bis es glüht«. *Glögg* wurde hergestellt, indem man einen Zuckerhut mit Branntwein begoss, anzündete und den flüssigen Zucker in Rotwein tropfen ließ. Anschließend fügte man Gewürze hinzu, um ein atemberaubend starkes, heißes und süßes Getränk herzustellen. Manchmal kamen noch ein Nuss-Mix und Rosinen zum Knabbern hinzu (oder vielleicht auch nur, um den *Glögg*-Konsum etwas zu verlangsamen …).

Im 19. Jahrhundert stieg die Beliebtheit von Glühwein, und bald schon boten Weinhersteller in Massenproduktion gefertigten *glögg* an. In der kalten Jahreszeit stieg der Verkauf sprunghaft an, und die Verbindung mit Weihnachten entstand. Heute finden sich alle möglichen Geschmacksrichtungen: stark, schwach und alkoholfrei – für jede Altersgruppe. Was kann schöner sein als eine Tasse mit dampfend heißem, süßem Wein, der einem im skandinavischen Winter die eiskalten Hände wärmt.

Essen & Feiern

KULTUR- & KRIMI-IKONEN

GRETA GARBO

Greta Lovisa Gustafsson wurde am 18. September 1905 in Stockholm geboren. Durch ihr Gesicht (und ihre Stimme) sollte sie – Greta Garbo – zu einer der größten Ikonen der Filmgeschichte werden.

Die kleine Greta war schüchtern, doch fantasievoll. Das Lernen machte ihr keinen Spaß, und so verließ sie mit 13 Jahren die Schule. Sie arbeitete in einem Stockholmer Kaufhaus und modelte für Hüte in dessen Katalog, dadurch kam sie mit der lukrativeren Welt der Werbefilme und Schauspielerei in Kontakt.

1924 erhielt sie eine größere Rolle in der Literaturverfilmung »Gösta Berling« und wurde von dem Filmmogul Louis B. Mayer entdeckt (etwa um diese Zeit nahm sie den Nachnamen Garbo an, was sie dazu bewog, wird ewig ein Rätsel bleiben). Beeindruckt von ihrer starken Ausstrahlung, nahm Mayer sie für MGM unter Vertrag und verlangte von ihr, nach Amerika zu kommen. Ihr erster englischsprachiger Film, »Torrent«, hatte 1926 Premiere und wurde ein großer Erfolg. Die Garbo spielte in acht weiteren Stummfilmen die Hauptrolle, ehe sie Sprechrollen in Klassikern wie »Anna Christie«, »Königin Christine« und »Anna Karenina« übernahm. Sie war eine der kommerziell erfolgreichsten Schauspielerinnen ihrer Zeit und wurde in der relativ kurzen Karriere für vier Oscars als beste Darstellerin nominiert.

Ihr letzter Film, »Die Frau mit den zwei Gesichtern«, hatte 1941 Premiere. Nach Hauptrollen in 28 Filmen zwischen 1922 und 1941 verließ die Garbo Hollywood und zog sich ins Privatleben zurück. Auch wenn sie einen prominenten Freundeskreis besaß, wollte sie doch oft lieber in Ruhe gelassen werden.

Kultur- & Krimi-Ikonen

INGMAR BERGMAN

Ingmar Bergman (1918–2007) ist zweifellos der berühmteste Filmemacher Schwedens. In seiner sechs Jahrzehnte umspannenden Karriere schuf er nachdenklich stimmende und bahnbrechende Filme wie »Wilde Erdbeeren« oder »Die Zeit mit Monika«. Den Oscar bekam er für »Wie in einem Spiegel«, »Schreie und Flüstern« und »Fanny und Alexander«. Was die meisten mit Bergman verbinden, sind jedoch seine Themen, die sich den quälenden, existenziellen Fragen hinsichtlich Krankheit, Tod, Verzweiflung, Untreue, Verrat, Rache, Qual und Wahnsinn stellen.

Ingmar Bergman kam 1918 in Uppsala zur Welt. Er und seine beiden Geschwister wurden von sehr strengen Eltern erzogen. Sein Vater, ein lutherischer Geistlicher, erteilte den Kindern regelmäßig strenge Verweise. Um dem zu entfliehen, entwickelte Bergman eine Faszination für Geschichten und das Schauspiel. Er schuf seine eigene kleine Bühne für seine Marionetten. In dieser Welt fühlte sich der Junge sicher, verstanden und akzeptiert.

Auf die eine oder andere Weise war Bergman sein ganzes Leben lang mit dem Theater verbunden, am erfolgreichsten war er jedoch in der Welt des Films. Fast alle seine Filme wurden in Schweden gedreht. Sein Lieblingsdrehort war Fårö, eine kleine Ostseeinsel, nördlich von Gotland gelegen.

Er mag ein unsteter, eigenwilliger Geist und eine unsichere, komplizierte Seele gewesen sein, aber diese Charakteristiken waren die Fundgrube für all die Kultfilme und Theaterstücke, die wir heute von ihm besitzen.

DOGMA 95

»Im Grunde fürchte ich außer Filmemachen alles im Leben.« So beschreibt sich der dänische Filmregisseur und Drehbuchautor Lars von Trier (geb. 1956), dessen Werk mit seiner freimütigen und vielschichtigen Betrachtungsweise unverhüllter menschlicher Emotionen Kritiker und Publikum spaltet. Als Hollywood in den 1990er-Jahren am laufenden Band Blockbuster fabrizierte, hatten von Trier und sein dänischer Kollege Thomas Vinterberg (geb. 1969) genug davon. Dogma 95, ihr »Keuschheitsgelübde«, wie sie das Manifest nannten, war in nur 45 Minuten verfasst.

Die zehn Regeln verbieten unter anderem nachträglich eingespielte Musik, künstliches Licht, Requisiten und Spezialeffekte. Der Kernpunkt des Manifests ist, dass der Regisseur die Aufgabe habe, ein Drehbuch umzusetzen, das für sich selbst spreche, statt zu versuchen, durch aufwendige Effekte zu glänzen.

Im Jahr 1998 hatten Vinterbergs Film »Das Fest« und von Triers »Idioten« Premiere auf dem Filmfestival in Cannes. Vinterberg gewann den Preis der Jury, und der Dogma-Philosophie wurde die Aufmerksamkeit vieler Kritiker zuteil.

Seit 2005 gibt es die umstrittene filmische Bewegung nicht mehr. Dennoch drehen ihre Protagonisten immer noch anspruchsvolle Filme und ernten viel Beifall damit. Dogma 95 sollte keine Gebrauchsanweisung für Low-Budget-Filme sein, sondern einen Prozess anstoßen, der die Regisseure zwinge, ihre Fantasie einzusetzen und die Kontrolle über ihre Arbeit zu behalten. »Denn«, so von Trier, »wenn man keine Kontrolle mehr über seine Arbeit hat, was soll das Ganze dann?«

Kultur- & Krimi-Ikonen

MADS MIKKELSEN

Frauen möchten ihn heiraten, viele Männer wären gern wie er: Die Rede ist vom »sexiest man alive«, dem dänischen Schauspieler Mads Mikkelsen. Vielleicht liegt der Schlüssel des Erfolgs in seinem Namen: Mads, die dänische Form von Matthias, bedeutet »Geschenk Gottes«.

Mikkelsen (geb. 1965) wuchs im Arbeiterviertel Nørrebro auf, einem von zehn Stadtteilen der dänischen Hauptstadt Kopenhagen. Als Jugendlicher tat er sich in Leichtathletik hervor und schaffte es, im schwedischen Göteborg professioneller Tänzer zu werden – diesen Beruf übte er nahezu zehn Jahre aus.

Seine Schauspielkarriere begann er mit Anfang 30, sein Debüt hatte er als Tonny in Nicolas Winding Refns Actiondrama »Pusher« (1996). In dem Spielfilm ist er neben dem dänischen Schauspieler Kim Bodnia (Seite 144) zu sehen. Nach dieser Rolle verlief Mikkelsens Karriere steil nach oben. Er spielte liebenswerte, unstete, verletzbare und unvergessene Charaktere wie Lucas in Thomas Vinterbergs oscarnominiertem Film »Die Jagd« (2012), Johann Friedrich Struensee in »Die Königin und der Leibarzt« (2012), Igor Strawinsky in »Coco Chanel & Igor Stravinsky« (2009), Jacob in »Nach der Hochzeit« (2006) und natürlich den wundervoll niederträchtigen Le Chiffre im 21. James-Bond-Film »Casino Royale« (2006).

Mikkelsen ist ein äußerst aktiver Goodwill-Botschafter der dänischen gemeinnützigen Organisation Refunite. Ihr Ziel ist es, mittels einer Online-Plattform und einer Web-App möglichst viele der 43 Millionen Flüchtlinge wieder zusammenzuführen, die wegen der Konflikte auf unserem Globus von ihren Familien und Freunden getrennt wurden.

LASSE HALLSTRÖM

Die Filme des schwedischen Regisseurs und Drehbuchautors Lars Sven »Lasse« Hallström unterscheiden sich von anderen Produktionen durch einen ruhigen, feinfühligen und charmanten Regiestil. Hallström wartet ab und lässt Szenen so lange wiederholen, bis die Schauspieler jede hemmende Befangenheit abgelegt haben und die Filmcharaktere sich ganz allmählich und natürlich entwickeln.

Hallström wurde 1946 in Stockholm geboren. Da die Zeiten in ganz Skandinavien kurz nach dem Krieg hart waren und es wenig bis kein Geld für Spielzeug gab, musste der Junge beim Spielen seine Fantasie bemühen. Später studierte er an der renommierten Musikhochschule Adolf Fredrik in Stockholm. Aber nicht die Musik war seine größte Leidenschaft, sondern das Filmemachen. Der große Durchbruch gelang Hallström 1973 mit der schwedischen TV-Serie »Pappas Pojkar« (»Papas Jungs«), und bei der Arbeit an fast allen ABBA-Musikvideos lernte er viel über Regieführung.

Nach einigen schwedischen Filmen, für die Hallström Anerkennung auf internationalen Filmfestivals erhielt, drehte er 1985 »Mein Leben als Hund«, einen bewegenden Coming-of-Age-Film, der ihm weltweite Aufmerksamkeit einbrachte. Dem ersten amerikanischen Spielfilm »Ein charmantes Ekel« (1991) folgten zahlreiche bemerkenswerte Filme, darunter »Gottes Werk & Teufels Beitrag«, »Chocolat ... ein kleiner Biss genügt«, »Lachsfischen im Jemen« und sein neuester »Madame Mallory und der Duft von Curry«. Am bekanntesten ist vielleicht immer noch Hallströms Film »Gilbert Grape – Irgendwo in Iowa« (1993), mit herausragenden Leistungen von Johnny Depp und dem für diesen Film oscarnominierten Leonardo DiCaprio.

LUKAS MOODYSSON

Von der New York Times »Schwedens bedeutendster Filmemacher seit Ingmar Bergman« genannt zu werden, wie im Fall Lukas Moodyssons geschehen, ist ein Kompliment, für das jeder skandinavische Regisseur mit Freude seinen rechten Arm gäbe.

Moodysson, 1969 geboren, wuchs außerhalb von Malmö in einem Haus voller Bücher auf – seine Mutter ist die beliebte Kinderbuchautorin Gull Åkerblom. Als Kind zog er sich sehr zurück und fühlte sich oft als Außenseiter. Er fand einen Weg, sich durch Poesie auszudrücken, und veröffentlichte mit 17 seine erste Gedichtsammlung. Mit 23 Jahren hatte er es bereits zu einem Roman und fünf Gedichtbänden gebracht.

Fast alles, was Moodysson zu Papier bringt, ist stark von seiner Person und persönlichen Erfahrungen geprägt. Weil er ein breiteres Publikum ansprechen und etwas weniger Abgehobenes schaffen wollte, wandte er sich dem Film zu. Er studierte Filmgestaltung im schwedischen Dramatiska Institutet (damals die einzige Filmhochschule im Land) und inszenierte einige kleinere Stücke, bevor er sich an Filme wagte.

Durch Moodyssons Arbeit zieht sich Eines wie ein roter Faden: die Entlarvung von Menschen, die Schwache und Schutzlose einer Gesellschaft missbrauchen. Der Durchbruch gelang ihm 1998 mit dem Film »Raus aus Åmål«, der zwei Mädchen im Teenageralter im ländlichen Nordschweden zeigt, die sich ineinander verlieben und all die damit verbundenen Misslichkeiten erleben. Im Jahr 2002 folgte »Lilja 4-ever«, ein Film über das Leben eines von seiner Mutter verlassenen russischen Mädchens. Der Film »Mammut« von 2009 stieß eine große Diskussion über die Gräuel des Menschenhandels an.

SARAH LUND
SOFIE GRÅBØL

Kommissarin Sarah Lund, die Protagonistin der dänischen Fernsehserie »Forbrydelsen« (dem deutschsprachigen Publikum als »Kommissarin Lund – Das Verbrechen« bekannt), ist eine in vieler Hinsicht schwer zugängliche Figur: Die Zuschauer erfahren wenig über ihre Gefühle oder Ansichten, und lange bleiben ihr Privatleben und ihre Vergangenheit weitgehend im Dunkeln. Sie stürzt sich kopfüber in ihre Polizeiarbeit, ohne dabei Rücksicht auf persönliche oder berufliche Konsequenzen zu nehmen.

Bei ihren Überlegungen, wie die von Autor Søren Sveistrup erdachte Figur darzustellen sei, entdeckte Sofie Gråbøl, dass die Menschen in ihrer näheren Umgebung viele Charakterzüge der Kommissarin Lund in sich tragen. Sie beschloss, sie alle in dieser Kunstfigur widerzuspiegeln, und spielte die Kommissarin als die zielstrebige Ermittlerin, die das Publikum zu lieben lernte. Weitaus einfacher war für Gråbøl die Kleiderwahl: Sie entschied sich spontan für einen dicken Wollpullover mit dem legendären Färöer Muster von Guðrun & Guðrun (Seite 90). Der Rest ist, wie man so schön sagt, Geschichte.

Gråbøl, 1968 in Kopenhagen geboren, erhielt im zarten Alter von 17 Jahren ihre erste Filmrolle (»Ich dachte, es wäre ein Sommerferienjob«, sagte sie später), nachdem ihre Mutter sie ermutigt hatte, auf eine Zeitungsannonce zu antworten. Aufgrund ihres schauspielerischen Talents erhielt Gråbøl anschließend weitere Rollenangebote. Ohne klassische Schauspielausbildung war sie plötzlich Schauspielerin und übt seither diesen Beruf aus.

LISBETH SALANDER
NOOMI RAPACE

Lisbeth Salander, alias »Wasp«, ist eine der zentralen Figuren in Stieg Larssons Bestsellern der »Millennium-Trilogie« (Seite 150). Die Hackerin, Anfang 20, mit einem fotografischen Gedächtnis und sehr geringer Sozialkompetenz, gibt sich äußerst verschlossen. Der Zuschauer erhält nur kurze Einblicke in ihre verquere Kindheit. Wegen häufiger Gewaltausbrüche galt sie als unberechenbar und wurde nach einem Mordversuch an ihrem Vater, der ihre Mutter misshandelt hatte, unter staatliche Vormundschaft gestellt.

In Larssons Romanen klärt Lisbeth Salander mit dem Enthüllungsjournalisten Mikael Blomkvist eine Reihe von Gewaltverbrechen auf. Da die Bücher mehr als 65 Millionen Mal verkauft wurden, war es 2009 für die schwedische Schauspielerin Noomi Rapace eine riesengroße Herausforderung, die Rolle der Hackerin Salander zu spielen.

Rapaces Schauspielkarriere begann 1988 im Alter von acht Jahren mit einer Rolle in dem isländischen Film »Im Schatten des Raben«. Mit 15 Jahren verließ sie Island und zog nach Schweden zurück, um an einer Schauspielschule in Stockholm zu studieren. Seit ihrem TV-Debüt im Jahr 1996 erhielt sie durchgehend hervorragende Kritiken für ihre Theater- und Fernsehauftritte.

In die Rolle der Salander schlüpft sie wie in eine zweite Haut. Sie ließ sich echte Piercings im Gesicht stechen, um die Figur authentisch darzustellen. Die von Larsson und Rapace inszenierte Personifikation Salanders wirft ein grelles Licht auf physische, psychische und sexuelle Gewalt gegen viele Frauen in unserer modernen Gesellschaft.

KURT WALLANDER
KRISTER HENRIKSSON

Kurt Wallander, die Figur des preisgekrönten Autors Henning Mankell, ist der erste und wohl größte aller Krimihelden des Nordens. Als Mankell nach einem langen Afrikaaufenthalt nach Schweden zurückkehrte, überraschten ihn die wachsende Polarisierung und der Rassismus im Land. Und so schuf er seinen der Welt überdrüssigen Kämpfer für Gerechtigkeit.

1991 löste Wallander seinen ersten Fall in »Mördare utan ansikte« (»Mörder ohne Gesicht«). Das Buch war in Schweden sofort ein Erfolg. Neun weitere Romane folgten. Bis heute wurden die Wallander-Bücher in 45 Sprachen übersetzt und weltweit 30 Millionen Exemplare verkauft.

In den 1990er-Jahren spielte Rolf Lassgård als Erster den Kommissar im schwedischen Fernsehen, aber erst Krister Henriksson fesselte die Zuschauer in den Verfilmungen zwischen 2005 und 2013. Beim Versuch, Henriksson für die Rolle zu gewinnen, fragte Mankell ihn, ob er je eines seiner Bücher gelesen habe. Der Schauspieler verneinte und erhielt ein Exemplar. Henriksson entdeckte schnell viele auffallende Ähnlichkeiten zwischen sich und Kurt Wallander und war erstaunt, dass man ihm die Rolle nicht schon längst angeboten hatte. Henriksson sieht Kurt als jemanden »voller Sehnsucht nach etwas, aber er weiß nicht, was es ist«. Eine Charakterisierung, der viele Mankell-Leser sofort zustimmen würden. Wenn man sieht, mit welcher Leichtigkeit er Wallanders Charakter darstellt, kann man sich gut vorstellen, dass sich die beiden bei einer Tasse Kaffee bestimmt viel zu erzählen hätten.

CAMILLA LÄCKBERG

Camilla Läckberg hat ein hervorragendes Talent, die Schattenseiten einer Gesellschaft zu enthüllen. Die Hauptfiguren ihrer Kriminalromane, der Polizist Patrik Hedström und die Autorin Erica Falck, führen uns von Verbrechen zu Verbrechen, den ganzen Weg bis zu einem bitteren, oft blutigen Ende.

Im Alter von fünf Jahren erfand Läckberg (Jahrgang 1974) bereits gruselige und fesselnde Geschichten. Ihre Debütgeschichte »Tomten« (Santa Claus) zeigte bereits deutliche Anzeichen von Läckbergs Gespür für Thriller – und Frau Claus findet ein eher unglückliches Ende ...

Läckberg wuchs in Fjällbacka, einem kleinen Dorf an Schwedens Westküste, auf. Hier spielen fast alle ihre Romane. Sie inszeniert aufsehenerregende Mordfälle in der Gegend ihrer Kindheit und verwebt sie mit lokaler Geschichte, tradierten Überlieferungen und ihrer tiefen Liebe zum Meer.

Nach ihrem Betriebswirtschaftsstudium an der Universität Göteborg besuchte sie einen Abendkurs im Krimi-Schreiben und brachte es zu Schwedens Krimi-Königin. Ihr erster Roman »Isprinsessan« (»Die Eisprinzessin schläft«) wurde 2003 veröffentlicht. Seither reißen sich ihre begeisterten Fans um ihre Bücher.

Bis jetzt publizierte Läckberg acht Romane und arbeitet gerade an ihrem neunten. Sie schrieb zwei Kochbücher, moderiert TV-Shows und arbeitet an ihrem dritten Kinderbuch. Darüber hinaus ist sie auch Botschafterin der schwedischen Kinderkrebsstiftung. Zusammen mit der Designerin Lovisa Wester gründete Läckberg – ganz die stark beschäftigte Geschäftsfrau – auch noch Sahara, eine Firma für Silberschmuck.

SAGA NORÉN UND MARTIN ROHDE
SOFIA HELIN UND KIM BODNIA

Die erste Staffel von »Die Brücke« startete im Herbst 2011 im skandinavischen Fernsehen mit dem grausigen Fund einer auf der Öresundbrücke (Seite 161) abgelegten Frauenleiche – genau auf der Grenze zwischen Schweden und Dänemark. Das Publikum war sofort von dem rätselhaften Verbrechen gefesselt, mehr noch von den völlig verschiedenen Ermittlern Saga und Martin, die, gezwungenermaßen, in Gemeinschaftsarbeit den Fall lösen müssen.

Martin Rohde (gespielt von Kim Bodnia) ist ein raubeiniger, aber charmant emotionaler, dänischer Kripobeamter, der ein paar Fehler zu viel mit den von ihm gejagten Verbrechern gemein hat: Er ist schon mal bereit, den Dienstweg zu umgehen, wenn es denn Fahndungserfolge bringt. Sein genaues Gegenteil ist die schwedische Kommissarin Saga Norén (gespielt von Sofia Helin): stark, geradezu vorschriftenhörig und hochintelligent, aber fast ohne Sozialkompetenz. Sie ist eine direkte, völlig unverstellte Person. Ihr Charakter zeigt Anzeichen einer mit dem Asperger-Syndrom verwandten Persönlichkeitsstörung, die den Umgang mit anderen Menschen erheblich erschwert.

Die Beziehung der beiden ist nicht sexueller Natur, eher ein Vater-Tochter-Verhältnis. Allerdings wirkt die Darstellung außerordentlich überzeugend, wenn ihre Arbeitsweisen und Standpunkte aufeinanderprallen. Darüber hinaus wird die aufgebaute Spannung geschickt durch Komik aufgelockert, etwa durch Sagas manchmal skurril wirkendes Benehmen oder Martins vergebliche Versuche, ihr einen normalen Umgangston beizubringen.

Es gibt wenige TV-Serien, die so eine Sogwirkung auf das Publikum ausübten wie diese Staffel: Als die erste Folge im Jahr 2012 im britischen Fernsehen ausgestrahlt wurde, lockte sie über eine Million Zuschauer vor die Bildschirme, ein absoluter Rekord für eine fremdsprachige Serie.

BIRGITTE NYBORG
SIDSE BABETT KNUDSEN

Als glücklich verheiratete Frau mit zwei Kindern hat Birgitte Nyborg die gleichen Aufgaben und Verpflichtungen wie jede andere berufstätige Mutter – zufällig ist sie aber die Ministerpräsidentin Dänemarks. Als Protagonistin der erfolgreichen TV-Serie »Borgen« (deutscher Titel: »Gefährliche Seilschaften«) zeigt sie die Realität einer Karrierefrau in einem von Männern dominierten Umfeld. Die Serie beleuchtet Nyborgs Privatleben ebenso wie ihren beruflichen Alltag auf Schloss Christiansborg (Seite 162).

Die dänische Schauspielerin Sidse Babett Knudsen war ziemlich verwundert, als man ihr – ungeachtet der Erfolge skandinavischer Krimis wie »Das Verbrechen« (Seite 138) – die Hauptrolle in einer Serie über das Leben einer Politikerin anbot. Sie meinte, das wäre das Letzte, was die Leute sehen wollten. Der anschließende Erfolg der TV-Krimi-Serie belehrte sie eines Besseren.

Knudsen, 1968 in Kopenhagen geboren, gab 1997 ihr Leinwanddebüt in der Komödie »Let's Get Lost«. Seither hat sie zahlreiche Auszeichnungen für ihre unvergesslichen Auftritte in Fernsehen, Film und auf der Bühne erhalten. Bei den Dreharbeiten zu »Borgen« gestaltete Knudsen die Filmfigur intensiv mit und bestand darauf, dass Birgitte Nyborg als politische Führungskraft zuversichtlich und vertrauenswürdig wirkte. Als die erste Staffel im Herbst 2010 in Dänemark ausgestrahlt wurde, schloss das dänische Publikum sie sofort ins Herz. Bald sprach sich der Erfolg auch in der englischsprachigen Welt herum, und die Serie fand eine weltweite Fan-Gemeinde.

Kultur- & Krimi-Ikonen

ARNE DAHL

Auf die Frage, warum er Kriminalromane schreibe, antwortete der renommierte schwedische Autor Arne Dahl: »Ich schreibe die Bücher, die ich gern lesen würde.« Diese einfache und bescheidene Philosophie zieht sich durch alle seine nervenzerreißend spannenden Thriller.

Dahl gilt weithin als einer der besten Krimi-Autoren Skandinaviens. Seine erste Serie dreht sich um das »Intercrime-Team«, eine bunt zusammengewürfelte Truppe von Ermittlern, die eine Reihe ungewöhnlicher und besonders blutiger Verbrechen aufklären muss. Die intensive Fahndung wird vordergründig von Paul Hjelm geleitet, die Lösung der Fälle hängt jedoch häufig von individuellen Stärken der Teammitglieder ab. Alle Romane spielen in Schweden, das unter Dahls meisterhafter Federführung seine dunkle Seite zeigt, auch wenn das Land nicht unbedingt für eine hohe Kriminalitätsrate bekannt ist.

In der zweiten Romanserie geht es um ein heterogenes Team von Europol-Ermittlern. Zur Gruppe gehören einige Mitglieder der alten Intercrime-Einheit (die ursprüngliche Truppe wurde am Ende der ersten Serie aufgelöst). Gemeinsam kämpfen sie außerhalb Schwedens mit einem großen europäischen Ermittlerteam gegen Korruption, Gier und das Böse.

Dahl hat ein großes Publikum unter Erwachsenen, ist aber auch bei jüngeren Lesern sehr beliebt. Er hat bereits vier weitaus sanftere Krimis für Kinder geschrieben. Erwähnt sei noch, dass Arne Dahl das Pseudonym für Jan Lennart Arnald (geboren 1963) und er ein renommierter schwedischer Romanautor, Literaturkritiker und regelmäßiger Kolumnist für schwedische Zeitungen ist.

JO NESBØ

Der Norweger Jo Nesbø ist bekannt für seine brutalen Mordfälle, die mit der Figur des alkoholkranken, von Albträumen geplagten Kommissars Harry Hole in den schäbigen Straßen Oslos spielen. Sein Debütroman »Flaggermusmannen« (»Der Fledermausmann«) erschien 1997 in Norwegen. Es folgten neun weitere Bücher mit Übersetzungen in unzählige Sprachen.

Nesbø wurde 1960 in Molde, einer Stadt in Nordnorwegen, geboren. Als Teenager hatte er eine vielversprechende Karriere als Fußballspieler vor sich. Als er sich jedoch mit 19 Jahren einen Kreuzbandriss in einem Knie zuzog, musste er notgedrungen seine Zukunft neu überdenken. Nach dem Abschluss als Diplom-Kaufmann und Finanzanalyst an der Norwegischen Handelshochschule wurde er Börsenmakler. Tagsüber musste er Aktien verkaufen, nachts schrieb er Songs und spielte mit seinem Bruder in einer Rockband namens Di Derre (»Die Jungs da«). Das macht er übrigens immer noch.

Nach einem extrem hektischen Jahr mit 180 Bandauftritten – tagsüber widmete er seine Zeit komplett seiner Arbeit als Börsenmakler – fühlte er sich ausgebrannt und leer. Er beschloss, aus seinem Job auszusteigen, und schrieb sein erstes Buch, in dem ein missmutiger Hauptkommissar 1996 mit dem Flugzeug nach Australien fliegt. Der Rest ist Geschichte.

Nesbø ist auch der Verfasser einer Kinderbuchserie mit dem verrückten Professor Doktor Proktor – eine Figur, die junge Leser lieben. Im Oktober 2013 kam heraus, dass Nesbø auch unter dem Pseudonym Tom Johansen schreibt. Drei Krimis sind bisher unter diesem Namen erschienen.

STIEG LARSSON

Stig-Erland Larsson (er kombinierte später die beiden Vornamen zu Stieg) ist Jahrgang 1954. Er wuchs in einer politisch sehr aktiven Familie auf und entwickelte schon früh eine Leidenschaft fürs Geschichtenschreiben. Als der Junge 13 war, kaufte ihm sein Vater eine Schreibmaschine. Wegen Stiegs unentwegtem Getippe wurde er in den Keller verbannt.

Larsson hatte immer ein unstillbares Verlangen, Missetaten und Unterdrückung aufzudecken. Bei einer Anti-Vietnamkrieg-Demo begegnete er seiner späteren Lebensgefährtin Eva Gabrielsson und arbeitete in den 1980er-Jahren als Korrespondent für das englische »Searchlight Magazine« im Kampf gegen Rassismus und Faschismus. Später gründete er die Expo-Stiftung, die sich auf die Erforschung antisemitischer Organisationen konzentrierte. Aufgrund seiner Aktivitäten wurde Larsson verfolgt und bekam Morddrohungen. (Ein Grund, warum Eva und er nie heirateten, war, dass sie dann ihren Wohnsitz hätten öffentlich machen müssen.)

1997 schrieb Larsson seinen ersten Roman: »Män som hatar kvinnor« (»Männer, die Frauen hassen«, dt. Titel: »Verblendung«), geplant als erster in einer Serie von zehn Büchern. Als er mit dem dritten Band zur Hälfte fertig war, unterschrieb er 2003 einen Vertrag bei Norstedts für die Rechte an der »Millennium-Trilogie« (die auch »Flickan som lekte med elden«, dt. Titel: »Verdammnis«, und »Luftslottet som sprängdes«, dt. Titel: »Vergebung«, beinhaltete). In der verfilmten »Millennium«-Krimi-Reihe ermitteln die Hackerin Lisbeth Salander (Seite 141) und der Journalist und Frauenheld Mikael Blomkvist. Das ungleiche Team ist, trotz individueller Schwächen, bei der Lösung der Kriminalfälle unschlagbar.

2004 erlitt Larsson einen Herzinfarkt und starb wenige Monate vor Veröffentlichung seines ersten Buches. Er konnte den weltweiten Erfolg seines Werkes nicht mehr erleben.

HENNING MANKELL

Der Bestseller-Autor Henning Mankell beschreibt sich als jemanden, der »mit einem Fuß im Schnee und mit dem anderen im Sand steht«, weil sein Leben zwischen Schweden und Maputo in Mosambik verläuft und er in beiden Kulturen, Klimazonen und Kontinenten zu Hause ist.

Mankell wurde 1948 in Stockholm geboren, wuchs allerdings in Sveg auf, einer nordschwedischen Kleinstadt, in der sein Vater Richter war. Nach dessen Scheidung kümmerte er sich allein um die Kinder. Mankell erinnert sich an eine glückliche Kindheit und daran, dass er mit Vorliebe Bücher über Afrika las und sich schwor, es eines Tages zu besuchen. Die Arbeit seines Vaters förderte bei Mankell auch das Interesse an der Durchsetzung von Gesetzen und das Streben nach Gerechtigkeit.

Sein erstes Buch »Bergsprängaren« (»Der Sprengmeister«) wurde 1973 veröffentlicht. Er schrieb in den folgenden Jahren noch eine ganze Reihe von Romanen, aber einen Namen machte er sich mit »Mördare utan ansikte« (dt. Titel: »Mörder ohne Gesicht«), der 1991 herauskam und erstmals die Figur des Kommissars Kurt Wallander (Seite 142) enthielt. Die Wallander-Folgen wurden ein großer Publikumserfolg mit zahlreichen Fernseh- und Filmadaptionen, in denen bekannte Schauspieler wie Krister Henriksson, Rolf Lassgård und Kenneth Branagh zu sehen waren.

2010 schloss Mankell mit einem elften Band die Wallander-Ära ab. Er schrieb weiterhin Bücher und kämpfte dafür, der westlichen Welt die Situation Afrikas vor Augen zu führen, speziell die Aids-Problematik mit ihren verheerenden Folgen für den Kontinent. 2014 machte Mankell sein Krebsleiden öffentlich und berichtete bis zu seinem Tod 2015 in einer Kolumne über seinen Kampf.

ASTRID LINDGREN

Die Kinderbuchautorin Astrid Lindgren ist eine der bekanntesten und beliebtesten Schwedinnen. Ihre Helden begleiten kleine und große Leser seit den 1940er-Jahren bis heute.

Astrid Anna Emilia Ericsson wurde 1907 als Tochter einer Bauersfamilie in der Nähe des südschwedischen Vimmerby, in Småland geboren. 1926 zog sie nach Stockholm, wo sie auch ihren zukünftigen Mann Sture Lindgren kennenlernte. Sie heirateten 1931.

Astrid Lindgren schrieb kleinere Beiträge für Zeitungen, arbeitete als Sekretärin und wurde schließlich Lektorin in der Kinderbuchabteilung eines Verlags. Die erste Geschichte von Pippilotta Viktualia Rollgardina Pfefferminza Efraimstochter Langstrumpf, besser bekannt als Pippi Langstrumpf, erschien 1945. Der Name des frechen starken Mädchens, das mit einem Äffchen und einem Pferd zusammenlebt, ist eine Erfindung von Lindgrens Tochter Karin. Es folgten Geschichten von Karlsson vom Dach, Michel aus Lönneberga und Ronja Räubertochter. Sie wurden in zahlreiche Sprachen übersetzt und sind fast überall auf der Welt bekannt.

Die Rechte von Kindern lagen Astrid Lindgren besonders am Herzen. Als ihr 1978 der »Friedenspreis des Deutschen Buchhandels« verliehen wurde, sprach sie sich gegen die Gewalt an Kindern aus. Für ihr Engagement wurde ihr 1994 der Alternative Nobelpreis »The Right Livelihood Honorary Award« verliehen. 2002, im Alter von 94 Jahren, starb Astrid Lindgren in ihrer Stockholmer Wohnung. Doch ihr Werk und ihre Person bleiben bis heute unvergessen. Seit 2015 ziert ihr Porträt den 20-Kronen-Schein. Bewusst wurde ein niedriger Wert ausgewählt, damit auch Kinder mit diesem Schein zahlen können.

Kultur- & Krimi-Ikonen

KAY NIELSEN

Mit dem Geschäftsführer des Dagmar-Theaters in Kopenhagen als Vater und einer gefeierten Schauspielerin als Mutter war dem dänischen Illustrator Kay Nielsen (1886–1957) ein kreatives Leben vorbestimmt. Seine Kindheit verbrachte er umgeben von Requisiten, Kostümen und charismatischen Schauspielern – und er zeichnete ständig.

Nach dem Kunststudium von 1904 bis 1911 in Paris zog Nielsen nach England, um sich Arbeit zu suchen. Im Jahr 1913 erhielt er den ersten Auftrag: eine Märchensammlung von Sir Arthur Quiller-Couch zu illustrieren. Seine wunderschöne, komplexe Arbeit brachte ihm bald weithin Anerkennung. Heute gelten seine Zeichnungen neben Werken von Arthur Rackham und Walter Crane als Sinnbilder der »Goldenen Ära der Illustration«.

1937 begann Nielsen als Illustrator für Walt Disney zu arbeiten. Sein unverwechselbarer Arbeitsstil ist in dem Trickfilmklassiker »Fantasia« zu sehen: in den schrecklichen Dämonen der »Nacht auf dem kahlen Berge« und in dem vom »Ave Maria« begleiteten strahlenden Sonnenaufgang. Nielsen war ein langsamer und akribischer Arbeiter, doch das entsprach nicht unbedingt Disneys Verständnis von Rentabilität, und die Firma entließ Nielsen 1941.

Nielsen kehrte nie wieder nach Dänemark zurück. Er starb fast mittellos und vergessen im Alter von 71 Jahren – für Wohnung, Kleidung und Essen sorgten fürsorgliche Nachbarn und Freunde. Bis Mitte der 1970er-Jahre schien er in Vergessenheit geraten zu sein. Als der Verleger David Larkin zu jenem Zeitpunkt eine Buchreihe mit Werken von Künstlern und Illustratoren vom Beginn des 20. Jahrhunderts herausgab, fand Nielsens Arbeit endlich den verdienten Beifall.

DIE MUMINS

Als faszinierende Familie nilpferdartiger Trollwesen haben »Die Mumins« Generationen junger Leser auf der ganzen Welt verzaubert. Ihre Schöpferin, Tove Jansson, ermutigte ihre Leser, an sich zu glauben, den Mut zu haben, Fragen zu stellen und darüber nachzudenken, welchen Einfluss die Menschen auf und welche Verantwortung sie für die soziale Umwelt haben. »Werdet nie müde, verliert nie das Interesse, werdet nie gleichgültig!«, sagte sie. »Wenn ihr eure Neugier verliert, werdet ihr sterben. So einfach ist das!«

Jansson wurde 1914 als ältestes Kind einer finnlandschwedischen Künstlerfamilie in Helsinki geboren. Die produktive und preisgekrönte Künstlerin und Autorin ist vor allem als Erfinderin der verschiedenen Mumintal-Bewohner bekannt. Zwischen 1945 und 1993 schrieb und illustrierte sie neun Bücher mit Mumin-Geschichten, ein Comicbuch und fünf Bilderbücher.

Die Hauptfiguren sind durch Janssons Familie und Freunde inspiriert: der jungenhafte, abenteuerlustige Mumin-Papa, die besorgte, fleißige, aber stets beherrschte Mumin-Mama und der leicht reizbare Mumin selbst, der in alle möglichen Schwierigkeiten gerät, aber immer versucht, brav zu sein. Die Mumins umgibt eine Mischung aus netten, ängstlichen, traurigen und witzigen Figuren wie Mumins Freunde Schnüferl, Klein Mü und das Snorkfräulein.

Die Mumins sind im Laufe der Jahre in zahlreichen Trickfilm-TV-Serien und Filmen sowie auf einer Reihe finnischer Briefmarken erschienen. Seit Tove Janssons Tod im Jahr 2001 wird das Mumin-Erbe von der Familie Jansson verwaltet, und jedes Produkt mit Bezug zur Mumin-Familie muss von ihr genehmigt werden.

1 lk/kl 2007 SUOMI FINLAND

ATTRAKTIONEN
& ARCHITEKTUR

ÖRESUNDBRÜCKE

Die Öresundbrücke ist eines der größten technischen Bauwerke in Europa und bildet die Hälfte der 16 Kilometer langen Straßen- und Eisenbahnverbindung zwischen Dänemark und Schweden. Es ist ein Vergnügen, die 82 000 Tonnen schwere Brücke zu überqueren, da man kilometerweit sehen kann und sie sich majestätisch über den Öresund spannt. Menschen außerhalb Skandinaviens dürften das Bauwerk aus der erfolgreichen TV-Krimiserie »Die Brücke« (Seite 144) kennen, die von kulturellen Gemeinsamkeiten und Unterschieden der beiden Nachbarländer handelt.

Die Idee für eine Verbindung zwischen Schweden und Dänemark besteht seit 1872, man dachte jedoch an einen Tunnel. Nach über einem Jahrhundert an Vorschlägen, Diskussionen und Planung einigte man sich schließlich 1991 auf den Bau einer Brücke. Diese Verkehrsverbindung war eines der ehrgeizigsten Bauvorhaben der Welt. Es kostete nach offiziellen Angaben rund 2,8 Milliarden Euro und erforderte ein gewaltiges Team von Konstrukteuren, Ingenieuren und Architekten. Die Brücke selbst entwarf der Architekt Georg Rotne.

Die Bauarbeiten begannen 1993. Das letzte Brückensegment wurde am 14. August 1999 eingesetzt, während Schwedens Kronprinzessin Victoria und Dänemarks Kronprinz Frederik auf der Brücke aufeinander zugingen und sich in der Mitte trafen. Dänemarks Königin Margrethe II. und Schwedens König Carl XVI. Gustaf übergaben die Brücke am 1. Juli 2000 dem Verkehr. Vor der offiziellen Eröffnung gab es »Brückentage«, an denen Tausende über die Brücke gehen oder mit dem Fahrrad fahren konnten. Offiziell heißt die Brücke Øresundsbron, eine Kombination der dänischen Schreibweise Øresund und des schwedischen Wortes bron (Brücke).

SCHLOSS CHRISTIANSBORG

Das königlich-dänische Schloss Christiansborg ist das einzige Regierungsgebäude der Welt, das alle drei Staatsgewalten unter einem Dach beherbergt: den Dienstsitz des Regierungschefs, den Obersten Gerichtshof und das dänische Parlament. Das Schloss, das man heute besichtigen kann, steht auf den Fundamenten mehrerer älterer Burgen. Die erste wurde von Bischof Absalon von Roskilde 1167 erbaut. Diese Festung auf der kleinen Insel Slotsholmen war jedoch ein Hindernis für die Handelswege und wurde im Jahre 1369 Stein für Stein von der Hanse abgerissen. Einige Jahre später hatte ein weiterer Bischof das Bedürfnis nach einem eigenen Palast und baute das Kopenhagener Schloss. Es wurde von König Erik VII. 1417 übernommen. Seither gehören das Land und alle Bauten darauf der Krone.

Das dritte Schloss und das erste namens Christiansborg wurde 1746 erbaut und 1794 durch einen Brand nahezu völlig zerstört. Das vierte, 1828 vollendet, erlitt ein halbes Jahrhundert später das gleiche Schicksal. Der fünfte Versuch – der Königspalast in seiner heutigen Form – wurde vom Architekten Thorvald Jørgensen (1867–1946) entworfen und 1928 fertiggestellt.

Es können unter anderem die königlichen Repräsentationsräume besichtigt werden, die Große Halle mit den Wandteppichen der Königin und der Marstall, einschließlich der großen Reithalle. Nicht entgehen lassen sollte man sich die Ruinen der Burg Bischof Absalons und des Kopenhagener Schlosses tief unter Christiansborg. Dort erfährt man mehr über die achthundertjährige Geschichte aller Bauten, die einst dort standen.

SCHLOSS KRONBORG

Es ist nicht sicher geklärt, woher William Shakespeare die Geschichte des unglücklichen dänischen Prinzen Amleth kannte, die im späten 12. Jahrhundert von dem Historiker Saxo Grammaticus aufgezeichnet worden war. Jedenfalls diente Shakespeare in seiner Version dieser traurigen Geschichte die Festung Kronborg in Helsingør als Vorlage für Schloss Elsinore, Schauplatz der Tragödie *Hamlet*.

Kronborg wurde in den 1420er-Jahren von König Erich von Pommern in Helsingør erbaut, an der äußersten Nordostspitze der dänischen Insel Seeland, die sich in Richtung Südschweden erstreckt, das zu jener Zeit zu Dänemark gehörte. Kronborg diente als Zwingburg zur Erhebung von Zöllen von Seefahrern der ganzen Welt, die hier den schmalen Sund zwischen Schweden und Dänemark passieren mussten.

Die Burg umfasste ursprünglich eine Reihe von Steingebäuden, die von einer quadratischen Ringmauer umgeben waren. Große Bereiche davon sind immer noch Teil des heutigen Schlosses. Von 1574 bis 1585 ließ König Friedrich II. die mittelalterliche Anlage im Renaissancestil der damaligen Zeit umbauen. Hohe Türme überragten die Burg mit dem großzügigen Wohnbereich für das königliche Paar und einem riesigen Bankettsaal, für den es mit 62 Meter Länge damals im Norden nichts Vergleichbares gab.

Zweifellos wurde Kronborg durch die Erzählungen durchreisender Seefahrer zu einem häufigen Gesprächsthema und dadurch in ganz Europa seiner Pracht und Schönheit wegen berühmt.

Attraktionen & Architektur

TIVOLI

Als der dänische Offizier Georg Carstensen Mitte des 19. Jahrhunderts seinen Regenten, König Christian VIII., zu überreden suchte, ihm den Bau des Tivoli zu erlauben, erklärte er ihm: »Wenn sich die Menschen amüsieren, denken sie nicht an Politik.«

In Anbetracht der Tatsache, dass der Tivoli in Kopenhagen heute der zweitälteste Vergnügungspark und der zweitbeliebteste saisonale Freizeitpark der Welt ist, hatte König Christian VIII. richtig entschieden, Carstensen einen Pachtvertrag über fünf Jahre für die sechs Hektar große Fläche zu geben. Heute umfasst der Tivoli eine Größe von 8,5 Hektar – und jeder Zentimeter wird genutzt, um Menschen zu unterhalten. Egal, ob Regen, Hagel, Schnee oder Sonnenschein: Wer durch die majestätischen Eingangstore des Kopenhagener Tivoli geht, lässt alle Sorgen der Welt hinter sich.

Der Tivoli ist ein Wunderland an Dingen, die es zu sehen, hören, riechen und erfahren gilt: Ganz Mutige können mit der ältesten Holz-Achterbahn (1914 erbaut) fahren, sie ist immer noch in Betrieb. Auch eines der höchsten Kettenkarussells der Welt – Star Flyer – befindet sich hier. Mit einer Höhe von 80 Metern über dem Boden meint man, fast den Himmel zu berühren, wenn auch mit Kitzeln im Bauch.

Es gibt Unterhaltung und Betreuung für Jung und Alt in Form von Theatern, Musikpavillons, Restaurants, Karussells, Seen, Brunnen, Tieren, Oldtimern, einem Aquarium, Spazierwegen, Rastplätzen und Ausritten … Mit prächtigen Blumenbeeten, der Jahreszeit entsprechend bepflanzt, präsentiert sich der Tivoli als stets wandelnder Park mit Einflüssen aus der ganzen Welt.

Besonders zauberhaft ist er, wenn die Dunkelheit einsetzt: Dann erleuchten 111 000 speziell angefertigte Lampen den Park. Und dazu gibt es wöchentlich am Samstagabend ein Feuerwerk.

DJURGÅRDEN

Die beliebte Insel Djurgården (sinngemäß: Wildpark) liegt im Osten des Stockholmer Stadtgebiets und rühmt sich, jährlich mehr als zehn Millionen Besucher zu zählen. Die relativ geringe Gesamtfläche von 279 Hektar Land und 183 Hektar umliegenden Gewässers war seit dem späten Mittelalter ausschließlich der königlichen Jagd und Freizeitgestaltung vorbehalten. Ab Mitte des 19. Jahrhunderts durfte dort auch die Stadtbevölkerung spazieren gehen, picknicken und die schönen, alten Parkanlagen genießen.

Nur einen Steinwurf vom geschäftigen Zentrum Stockholms entfernt, bietet Djurgården eine Fülle von Möglichkeiten für Freizeitaktivitäten und lehrreiche Ausflüge: Man kann Strände (zehn Kilometer) entlangspazieren, von den Klippen ins Meer springen, die Insel im Kanu umrunden, zu Fuß durch dichte Wälder wandern oder sich an naturbelassenen Wiesen erfreuen – hier wachsen mehr als 800 Pflanzen- und Blumenarten. Mit ein wenig Geduld entdeckt man vielleicht auch einige der 1200 hier beheimateten Insektenarten.

Viele der größten Sehenswürdigkeiten Stockholms sind auf Djurgården zu finden: vier Schlösser, die Universität Stockholm, der Skansen (Seite 179), ausländische Botschaften, Kunstgalerien, das Vasa-Museum (Seite 16), das Nordische Museum, das ABBA-Museum und der Vergnügungspark Gröna Lund. Djurgården verkörpert nicht nur die Geschichte der schwedischen Könige, sondern beherbergt auch den größten Bestand alter Eichen in Nordeuropa – einige sind bis zu 500 Jahre alt und immer noch fest im Boden verwurzelt. Die größte soll die nahezu 1000 Jahre alte Prinz-Eugen-Eiche sein. Ihr Umfang misst beeindruckende 9,2 Meter!

STABKIRCHEN

Der Anblick einer hoch aufragenden hölzernen Stabkirche, umgeben von der typisch norwegischen Landschaft mit ihren beeindruckenden Bergen und weiten Ebenen, ist ein Erlebnis, das sich niemand entgehen lassen sollte: eine bewegende, nahezu spirituelle Erfahrung.

Die aus dem Mittelalter stammenden, erstaunlich gut erhaltenen Stabkirchen findet man in ganz Norwegen. Die Sakralbauten, vollständig aus norwegischem Kiefernholz bestehend, wurden auch dann noch errichtet, als sich bereits der Protestantismus über das Land ausbreitete. Immerhin darf nicht vergessen werden, dass die Wikinger ursprünglich in diesem Stil ihre Kirchen gebaut hatten – eine typische Stabkirche erinnert an die Form der traditionellen Langschiffe der Wikinger. Die Giebel sind oft mit fast neugierig anmutenden Drachenköpfen geschmückt, und die Gebäude innen und außen mit kunstvollen und detailreichen Schnitzereien versehen.

Heute existieren noch 28 Stabkirchen. Ein Grund für ihr langes Überleben ist mit Sicherheit der mehrfache Anstrich der Außenseiten der Holzwände mit dunkelrotem Teer, der sich als hochwirksames Konservierungsmittel erwies.

Der Name der Stabkirchen bezieht sich auf die beim Bau angewandte Konstruktionsmethode, die als *reisvoerk* (deutsch »Gerüst«) bezeichnet wird. Dabei wurden Wände aus hölzernen Stabplanken vertikal gesetzt, statt wie später horizontal. Um diese wunderbaren heiligen Orte für kommende Jahrhunderte zu erhalten, sind laufend fachgerechte Restaurierungsarbeiten erforderlich.

DIE KIRCHE VON HALLGRÍMUR

Die Hallgrímskirkja mit dem hohen Turm, der mächtig in den nordischen Himmel aufragt, ist die absolute Krönung von Reykjavík auf Island. Die Kirche ist mit das bekannteste Wahrzeichen.

1937 wurde der Staatsarchitekt Guðjón Samúelsson (1887–1950) beauftragt, einen Platz des Friedens und der Andacht für die Leute des rasch wachsenden östlichen Stadtteils von Reykjavík zu bauen. Er ließ sich von Islands Natur inspirieren und entwarf die Kirche als Abbild der sie umgebenden Landschaft. Samúelssons letzter und vielleicht größter architektonischer Entwurf – er verstarb vor Fertigstellung der Kirche – erinnert den Betrachter an die rauen, schroffen Berge, die hohen, glatten Eiskappen und die beeindruckenden Basalt-Formationen, die die aktiven und ruhenden Vulkane Islands umgeben.

Der Bau begann 1945, aber erst 1986 wurden die Pforten für die Gläubigen geöffnet. Die bis dahin fehlende Orgel weihte man 1992 ein, erbaut hat sie der deutsche Orgelbauer Johannes Klais. Ihr Gewicht beträgt 25 Tonnen. Man kann sich in etwa vorstellen, welch mühsame Arbeit es war, sie zusammenzusetzen, denn sie besteht aus 72 Registern, vier Manualen und Pedalen und sage und schreibe 5 275 Pfeifen.

Die Kirche ist nach Pastor Hallgrímur Pétursson (1614–1674) benannt, Islands beliebtestem Kirchenlied-Dichter, der die berühmten *Passíusálmar* (Passions-Psalmen) schrieb. In Island kann sie jeder auswendig. Oben im großen Turm gibt es, zwischen einem Glockenspiel von 29 kleineren Glocken, drei große Glocken zu Ehren von Hallgrímur, seiner Frau Guðrún und der Tochter Steinunn.

TEMPPELIAUKIO-KIRCHE

Stellen Sie sich vor, Sie gehen in Finnlands Hauptstadt Helsinki spazieren und sehen plötzlich etwas, das einer fliegenden Untertasse gleicht, die mitten auf dem Marktplatz eine Bruchlandung gehabt haben muss. Genauso präsentiert sich die Felsenkirche von Weitem: Sie ist in Granitfelsen eingebettet, und das einzig Sichtbare ist die massive Kupferkuppel.

Die Pläne für ein spezielles Haus zur Anbetung Gottes an der Stelle des Temppeliaukio, des Tempelplatzes, wo die Kirche heute steht, lagen bereits 1930 vor. Es hatte bereits zwei Konstruktions-Wettbewerbe gegeben. Aber dann brach der Zweite Weltkrieg aus, und die Idee wurde bis auf Weiteres auf Eis gelegt. Den dritten Wettbewerb im Jahr 1961 gewannen die Architekten und Brüder Tuomo (1931–1988) und Timo Suomalainen (geb. 1928).

Die Kirche liegt vollständig im Erdinneren. Sie steht auf einem Naturgranit-Fundament, in das der ringförmige Innenraum gesprengt wurde. In der Kupferkuppel sitzen 180 vertikal angeordnete Glasscheiben, durch die ein gleichmäßiges und natürliches Licht dringt, das den Besucher umspielt. Diese faszinierende Kombination aus natürlichen und gefertigten Materialien erklärt, warum die Kirche zu den beliebtesten Touristenattraktionen zählt. In der Hauptsaison kommen täglich bis zu 8000 Besucher.

Die Innenwände wurden unverkleidet belassen – aus natürlichem Felsgestein. Dadurch verfügt der Raum über eine hervorragende Akustik, ideal, um darin zu musizieren. In der Kirche werden jede Woche Konzerte veranstaltet. Während der Weihnachtsferienzeit finden sie täglich statt.

Attraktionen & Architektur

DIE EISMEERKATHEDRALE

Die Eismeerkathedrale in Tromsø, der größten Stadt Nordnorwegens, wird immer wieder mit der Oper von Sydney verglichen und oft als »Opernhaus Norwegens« bezeichnet. Das Bauwerk ist bereits beim Anflug auf Tromsø zu sehen und vermittelt einen ersten, imposanten Eindruck von der Stadt. Eigentlich ist das Gebäude »nur« eine Pfarrkirche, doch die bemerkenswerte Architektur verleitet den Betrachter zum Schwärmen in Superlativen.

1960 begann der norwegische Architekt Jan Inge Hovig (1920–1977) mit den Entwürfen für die Kirche, die seine berühmteste Arbeit werden sollte. Der erste Spatenstich erfolgte am 1. April 1964, und 19 Monate später weihte Bischof Monrad Norderval das faszinierende Bauwerk ein.

Die Kirche besteht pro Seite aus elf vor Ort gegossenen, mit Aluminium verkleideten Betonplatten, die in ihrer Anordnung an einen Eisberg, ein Bootshaus oder ein Lappenzelt erinnern. Es überraschte nicht, als Hovig erklärte, er sei beim Entwurf der Kirche von seinem nördlichen Erbe inspiriert worden.

Zwischen den Platten sind an der Außenseite Lichtschächte eingelassen, sodass das Gebäude während der Dunkelheit von ganz Tromsø aus zu sehen ist. Die Westwand besteht durchgehend aus Glas, mit einem großen Kreuz über dem Haupteingang. Die Bänke sind aus feinstem Eichenholz, die Leuchter aus tschechischem Kristall hängen in Form von Eiszapfen von der Decke. Hinter dem Altar an der Ostwand befindet sich Europas außergewöhnlichstes Glasmosaikfenster: die von dem norwegischen Künstler Victor Sparre (1919–2008) gestaltete Darstellung der »Wiederkehr Christi«. Das Licht, das an sonnigen Tagen in den Raum strömt, verleiht ihm einen Hauch Göttlichkeit.

Attraktionen & Architektur

ÅLESUND

Feuer, Feuer – überall Feuer! Während der Sturmnacht zum 23. Januar 1904 fegte eine verheerende Feuersbrunst durch die Straßen der norwegischen Stadt Ålesund. Die Häuser, vollständig aus Holz gebaut, waren ein leichtes Opfer der vom Wind entfachten Flammen. Am Morgen des nächsten Tages waren 850 Häuser bis auf die Grundmauern niedergebrannt.

Es gab zwar nur ein Todesopfer, dafür hatten jedoch 10 000 Menschen im bitterkalten norwegischen Winter kein Dach mehr über dem Kopf und standen mittellos da. Es dauerte nicht lange, bis die Nachricht von der Brandkatastrophe nach Europa drang und Wilhelm II., der letzte Deutsche Kaiser, von den Leiden der Bevölkerung von Ålesund erfuhr. Wilhelm hatte viele unvergessliche Ferien in der Gegend verbracht und war von dem Unglück so bewegt, dass er vier Kriegsschiffe mit Material und Männern zum Bau von Notunterkünften für die durch das Feuer obdachlos Gewordenen schickte.

Bald darauf diskutierten 20 Bauherren Wilhelms II. und 30 norwegische Architekten erste Pläne für den Wiederaufbau der Stadt. Der damals aktuelle Architekturstil war Jugendstil (oder Art nouveau genannt), es wurde also beschlossen, das neue Ålesund in diesem eleganten, neuen Stil zu erbauen.

Der Wiederaufbau der Stadt dauerte nur drei Jahre. Der romantisch geprägte Einfluss des Jugendstils ist an vielen Gebäuden mit ihrer bunten, komplex verschlungenen, organischen Ornamentik, den fantasievollen Türmchen und Türmen oder grünen, schmiedeeisernen Balkonen unübersehbar. Die Stadt wurde national wie auch international als bemerkenswerte Momentaufnahme für das Design und die Architektur des Jugendstils berühmt. Versäumen Sie es auf keinen Fall, bei einem Besuch das norwegische Zentrum für Jugendstil-Architektur (norwegisch *Jugendstilsenteret*) in Ålesund zu besuchen.

SOMMERHAUS

Auf Schwedisch heißt es *sommar stuga*, auf Norwegisch *hytte*, auf Finnisch *mökki*, auf Dänisch *sommerhus* und auf Isländisch *sumarhús*. In welcher Sprache auch immer, das Wort Sommerhaus weckt Erinnerungen an die Kindheit, ans Schwimmen im See, an Wälder und Berge, ans Essen draußen in der Sonne, Plaudern, bis es dunkel wird – und an blutrünstige Mücken.

Die Industrialisierung kam ziemlich spät nach Skandinavien. Viele kleinere Hütten und Höfe wurden noch bis in die 1940er- und 1950er-Jahre voll bewirtschaftet. Erst als die Bewohner zu jener Zeit in die Städte zu ziehen begannen, wurden die Anwesen in Sommer- oder Freizeithäuser umgewandelt. Oft hatten die Häuser seit Jahrhunderten derselben Familie gehört, denn es ist nicht üblich, Grundbesitz zu verkaufen. Man erhält ihn für die Familie und nutzt ihn als ruhigen Ort zur Erholung von der Hektik des Stadtlebens.

Im Sommerhaus scheint die Zeit langsamer zu vergehen, und man genießt das Leben. Zu vielen Häusern gehören ein Stück Land und ein paar Nebengebäude. So gibt es immer etwas zu tun, aber ganz ohne Stress. Das bevorzugte Verkehrsmittel ist das Fahrrad. Damit fährt man frühmorgens oder spätabends kurz zum See zum Schwimmen, zur Hauptstraße, um die Post zu holen, oder zum örtlichen Supermarkt, um Eiscreme zu besorgen. Danach werden noch im Garten hinterm Haus ein paar leckere Erdbeeren gepflückt – aber schnell, bevor das Eis schmilzt!

SKANSEN

Zu einem Urlaub in Schweden gehört unbedingt ein Besuch des Stockholmer Skansen. Er ist das älteste Freilichtmuseum der Welt und beherbergt den einzigen Stockholmer Zoo. Schwerpunktmäßig finden sich hier Tierarten skandinavischer Herkunft. Man braucht mindestens zwei Tage, wenn nicht noch länger, um sich alles anzusehen, was dort geboten wird.

Der Museumsgründer Artur Hazelius (1833–1901) war Lehrer und Pädagoge und liebte Sprachen. Auf seinen Reisen durch das Königreich Schweden erkannte er, dass die traditionelle bäuerliche Gesellschaft im Begriff war, von der industriellen Revolution überrollt zu werden und zu verschwinden. Im Frühjahr 1891 durfte Hazelius einen kleinen Teil des Skansenberget (Skansen-Berg) erwerben. Dort errichtete er Repliken von alten Häusern aus unterschiedlichen Gegenden Schwedens, um sie der Öffentlichkeit zu zeigen. Der Park konnte noch im Herbst desselben Jahres eröffnet werden.

Die Hauptaufgabe dieses Freilichtmuseums besteht darin, den Besuchern vor Augen zu führen, wie die Menschen in den vergangenen Jahrhunderten in Schweden lebten und arbeiteten. Dazu gehören auch die Themen Kleidung, Wohnbauten, Ernährung, Broterwerb, Tiere und Pflanzen. In diesem »lebenden Museum« erzählen Museumsmitarbeiter, zeittypisch als Arbeiter verschiedener Jahrhunderte gekleidet, alles über deren Leben. Auf dem Gelände des Skansen stehen etwa 150 original historische Gebäude aus ganz Schweden und ein einziges nicht schwedisches: das Vastveitloftet, ein Lagerhaus aus Norwegen. Es stammt aus dem 14. Jahrhundert und ist damit das älteste Bauwerk auf dem Gelände.

Der Skansen liegt auf Stockholms Insel Djurgården (Seite 167). Jährlich genießen 1,4 Millionen Besucher alles, was Freilichtmuseum und Zoo zu bieten haben. Hazelius' Wahlspruch lautete: »Erkenne dich selbst!«. Denn nur durch Kenntnis der eigenen Geschichte lerne man das eigene Ich kennen. Durch den Bau des Skansen ermöglichte er diese Erkenntnis auch anderen.

DIE KLEINE MEERJUNGFRAU (KOPENHAGEN)

Egal, ob im frischen Frühlingsregen, in der Hitze des Sommers, im heulenden Herbstwind oder im frostigen Winter, die Kleine Meerjungfrau sitzt auf ihrem Felsen und blickt sehnsuchtsvoll auf die Welt der Menschen.

»Die kleine Meerjungfrau«, Hans Christian Andersens Märchen von der Sehnsucht nach Geborgenheit, wurde in Dänemark 1837 erstmals veröffentlicht und bald von allen Kindern in der Welt heiß geliebt. Carl Jacobsen, der Sohn des Gründers der Carlsberg-Brauerei, war von der Geschichte so angetan, dass er 1909 bei dem dänisch-isländischen Künstler Edvard Eriksen (1876–1959) eine Skulptur der kleinen Meerjungfrau in Auftrag gab.

Eriksen beschloss, die Figur in Bronze zu gießen, und setzte sie auf einen Felsen im Wasser, nicht weit von Kopenhagens Uferpromenade Langelinie entfernt. Die Anfertigung der Skulptur dauerte vier Jahre. 1913 konnte sie den ihr gebührenden Platz, in nachdenklicher Pose mit langem, über die Schulter geworfenem Haar, einnehmen. Die Vorlage für das Gesicht lieferte die dänische Primaballerina Ellen Price. Da sie sich weigerte, dem Bildhauer für den Körper der Meerjungfrau nackt Modell zu sitzen, übernahm das seine Frau Eline.

Die Kleine Meerjungfrau ist inzwischen zu einem Wahrzeichen für Dänemark geworden und erscheint häufig in der Tourismuswerbung. Doch sie dient auch weiterhin, für Millionen auf der ganzen Welt erkennbar, als Denkmal für einen der berühmtesten Söhne Dänemarks.

Attraktionen & Architektur

HÄNDLER & ADRESSEN

BARS, CAFÉS & RESTAURANTS

Andersson Import GmbH
Am Fronhof 16
40667 Meerbusch
www.andersson-import.de

Café Fräulein
Frauenstraße 11
80469 München
www.cafe-fräulein.de

Café Valentin
Sanderstraße 13
12047 Berlin
https://de-de.facebook.com/cafevalentin

Die Lakritzerie
Barmbeker Str. 189
22299 Hamburg
www.lakritzerie.com

Dóttir Berlin
Mittelstraße 41
10117 Berlin
www.dottirberlin.com

Fäviken
Favikens Egendom AB
83005 Jarpen,
Schweden
www.faviken.com

Felleshus
(Nordische Botschaften)
Rauchstraße 1
10787 Berlin
www.nordischebotschaften.org

Noma
Strandgade 93
1401 Kopenhagen,
Dänemark
www.noma.dk

MODE & ACCESSOIRES

Acne Studios
www.acnestudios.com

Acne Studios
Flagship-Store
Norrmalmstorg 2
11146 Stockholm,
Schweden

Acne Studios
Münzstraße 21
10178 Berlin
www.acnejeans.com

By Malene Birger
www.bymalenebirger.com

By Malene Birger
Flagship-Store
Antonigade 10
1106 Kopenhagen,
Dänemark

Guðrun & Guðrun
Flagship-Store
Niels Finsensgøta 13
100 Tórshavn,
Färöer Inseln
www.gudrungudrun.com

Hummel
www.hummel.net/de

Ilse Jacobsen
Arne Jacobsens Alle 12
2300 Kopenhagen,
Dänemark
www.ilsejacobsen.com

Pia Wallén
Narvavagen 7
11460 Stockholm,
Schweden
www.piawallen.se

Sandqvist
Swedenbogsgatan 3
11848 Stockholm,
Schweden
www.sandqvist.net

Swedish Hasbeens
Flagship-Store
Nytorgsgatan 36a
11640 Stockholm,
Schweden
www.swedishhasbeens.com

Visby
Gärtnerstraße 26
10245 Berlin
www.visby-berlin.de

INTERIOR & DESIGN

Alvar Aalto
www.alvaraalto.fi

Studio Aalto
Tiilimaki 20
0030 Helsinki, Finland

Arne Jacobsen
www.arne-jacobsen.com

Bang & Olufsen
Ostergade 18
1100 Kopenhagen,
Dänemark
www.bang-olufsen.com

Bolia
Lenbachplatz 2a
80333 München
www.bolia.com

Kilda Skandinavische Wohnideen
Hufelandstraße 17
10407 Berlin
www.kilda-berlin.de

Lego®
www.lego.com

The Lego® Store
Vimmelskaftet 37
1161 Kopenhagen, Dänemark

LEGO GmbH
Technopark II
Werner-von-Siemens-Ring 14
85630 Grasbrunn

Louis Poulsen
www.louispoulsen.com

Lucie Kaas
www.luciekaas.com

Marimekko
Flagship-Store
Pohjoisesplanadi 33
00100 Helsinki, Finland
www.marimekko.com

Marimekko GmbH
Alte Schönhauser Straße 42
10119 Berlin
www.marimekko.com

Scandinavian Design Center
Trångsundsvägen 4
39239 Kalmar, Schweden
www.scandinaviandesigncenter.de

Studio Copenhagen
Hermann-Blankenstein-Straße 20
10249 Berlin
www.studiocopenhagen.de

Stue
Torstraße 70
10119 Berlin
www.stueberlin.de

Tripp-Trapp-Hochstuhl
www.stokke.com

Vintage Galore
Sanderstraße 12
12047 Berlin
www.vintagegalore.de

REISE & BOTSCHAFTEN

Botschaft des Königreichs Dänemark
Rauchstraße 1
10787 Berlin
http://tyskland.um.dk/de

Botschaft Island
Rauchstraße 1
10787 Berlin
www.iceland.is/iceland-abroad/de

Botschaft von Finnland
Rauchstraße 1
10787 Berlin
www.finnland.de

Finnair
www.finnair.com

Hotel Kakslauttanen
www.kakslauttanen.fi/de

Icelandair
www.icelandair.com

Königlich Norwegische Botschaft
Rauchstraße 1
10787 Berlin
www.norwegen.no/Embassy

Landmannalaugar
www.landmannalaugar.info

Norwegian Airlines
www.norwegian.com/de

Scandinavian Airlines
www.flysas.com/de/de

Schwedische Botschaft
Rauchstraße 1
10787 Berlin
www.schweden.org

Skansen
Djurgårdsslätten 49–51
11521 Stockholm, Schweden
www.skansen.se/de

Tivoli
Vesterbrogade 3,
1630 Kopenhagen,
Dänemark
www.tivoli.dk/en

REGISTER

Aalto, Alvar 86
ABBA-Museum 167
Acne Pistol Boots 96
Åkerblom, Gull 137
Ålesund 174
Alkoholika
    Aquavit 104
    Brennivín 107
    glögg 127
    Glühwein 127
Andersen, Hans Christian 181
angakok 24
Aquavit 104
Arctic Circle Race 63
Arnald, Jan Lennart 148
Art nouveau 174
Artichoke-Pendelleuchte 80
Aurora Borealis 44

Bang & Olufsen 83
Barkai, Ram 55
Beowulf 21
Bergensbane 64
Bergman, Ingmar 132
Billund 77
Birger, Malene 97
Blixt, Emy 93
Blomkvist, Mikael 141, 150
Bodnia, Kim 144
boller 119
»Borgen« (»Gefährliche Seilschaften«) 147
Brennivín 107
bunad (Tracht) 30

Carl XVI. Gustaf, König von Schweden 104, 161
Carstensen, Georg 165
Cathrineholm-Emaillegeschirr 73
Clausen, Arne 73
Clogs 93

Dahl, Arne 148
Dalapferd 39
Dalarna 29, 39
Day Birger et Mikkelsen 97
»Die Brücke« 144, 161
»Die Mumins« 156
Djurgården 167
Dogma 95: 133
Doktor Proktor 149
Donnerkeile 15

Eisenbahn 64
Eismeerkathedrale 173
Eisschild 52
Eisschwimmen 55
Emstad, Marit 85
Erik der Rote 14, 52
Eriksen, Edvard 181
Eskimos 52
Eskolin-Nurmesniem, Vuokko 74
Essen
    boller 119
    hákarl 107
    kanelbulle (Zimtschnecke) 118
    karjalanpiirakka (karelische Pirogge) 113
    Köttbullar 111
    Marinierter Hering 104
    Pfefferkuchen 125
    Preiselbeeren 106
    salmiakki 117
    skyr 112
    smörgåsbord 121
    Walderdbeeren 108

Falck, Erica 143
Fårö 132
Färöer Inseln 90
Färöer Pullover 90, 138
Fäviken 122
Feng-Shui 32
Filmregisseure
    Bergman, Ingmar 132
    Hallström, Lasse 136
    Moodysson, Lukas 137
    Trier, Lars von 133
    Vinterberg, Thomas 133
Finnland 26, 57, 74, 113, 171
Five Lamper 83
Fjorde 43
Friedrich II., König von Dänemark 163
Fünf-Röhren-Radio 83
Gabrielsson, Eva 150

Garbo, Greta 131
Garborg, Hulda 30
Gezeitenstrom 46
glögg 127
Glühwein 127
Gråbøl, Sofie 138
Grendel 21
Grettislaug 49
Grönland 14, 24, 43, 63
Grönländischer Eisschild 52
Grýla 27
Guðrun & Guðrun 90
Gullfoss 53
Gustav II. Adolf, König
 von Schweden 16
Gustav III., König
 von Schweden 88
Gustavianischer Stil 88

Hackbällchen 111
hákarl 107
Hallström, Lasse 136
Hansen, Fritz 79
Hansen, Hans 80
Hardangervidda-Plateau 64
Hazelius, Artur 179
Hedström, Patrik 143
Helin, Sofia 144
Helsinki 86, 171
Henningsen, Poul 80
Henriksson, Krister 142
Heyerdahl, Thor 12
Hjelm, Paul 148
Hochzeits- oder
 Ehrenpforte 37
Hochzeitstradition 37

Hole, Harry 149
Hornbæk 95
Hotel Kakslauttanen 69
Hovig, Jan Inge 173
Hrothgar, König
 der Dänen 21
Hummel High-Tops 92
Hvítá (Fluss) 53
hygge 58

Iglu 69
Ilse Jacobsens
 Gummistiefel 95
Inuit 24, 52
Isländersagas 14, 19
Isländisches National-
 museum 19
Islandponys 50
Isola, Maija 74

Jacobsen, Arne 79
Jacobsen, Ilse 95
Jansson, Tove 156
Järpen 122
Johansen, Tom 149
Johansson, Jonny 96
Jørgensen, Thorvald 162
Joulupukki 26
Jugendstil 174

kanelbulle 118
karelische Pirogge 113
karjalanpiirakka 113

Karl XII., König von
 Schweden 111
Kerzen 125
Kirchen
 Eismeerkathedrale 173
 Kirche von Hallgrímur 170
 Stabkirchen 168
 Temppeliaukio-Kirche 171
Klais, Johannes 170
Kleine Meerjungfrau 181
Knudsen, Sidse Babett 147
Kolrosing-Technik 34
»Kommissarin Lund –
 Das Verbechen« 90, 138
Kon-Tiki 12
Kopenhagen 114, 162, 165, 181
Köttbullar 111
Kristiansen, Godtfred Kirk 77
Kristiansen, Ole Kirk 77
Kristian Vedels Holzvögel 76
Kurbitsmalerei 29, 32, 39

Läckberg, Camilla 143
Lakritze 117
Lampe, PH-Artichoke 80
Landmannalaugar 67
Lappland 62
Larsson, Stieg 141, 150
Lassgård, Rolf 142, 152
LEGO 77
Leif Eriksson 14
Leppalúði 27
Liebeslöffel 34
Lindgren, Astrid 153

Lotus-Dekor 73
Lucie Kaas 73
Lund, Sarah 90, 138

Mahlstrom 46
Mankell, Henning 142, 152
Margrethe II., Königin von Dänemark 161
Marimekko 74
Marinierter Hering 104
Mayer, Louis B. 131
Messmer, Albert 92
Meyer, Claus 114
Mikkelsen, Keld 97
Mikkelsen, Mads 135
»Millennium-Trilogie« 141, 150
Mitternachtssonne 47
Mittsommerfest 103
Mode
    Birger, Malene 97
    bunad (Tracht) 30
    Färöer Pullover 90, 138
    Marimekko 74
    Sandqvist-Rucksack 98
    Selbu-Socken 85
    »Unisex«-Pantoffeln 84
    siehe auch Schuhe
Moodysson, Lukas 137
Moskenstraumen 46
Museen
    ABBA-Museum 167
    Isländisches Nationalmuseum 19

Nordisches Museum 167
Skansen 179
Vasa-Museum 16

Nesbø, Jo 149
Nielsen, Kay 155
Nilsson, Magnus 122
Noma 114
Norén, Saga 144
Nordisches Museum 167
Nordlicht 44
Nyborg, Birgitte 147

Opsvik, Peter 89
Öresundbrücke 144, 161
Oslo 64, 149

Passions-Psalme 170
Passíusálmar 170
Pétursson, Hallgrímur 170
Pfefferkuchen 125
Polarkreis 47, 62, 63, 69
Polartag 47
Preiselbeeren 106
Price, Ellen 181
Prinz-Eugen-Eiche 167
Prytz Kittelsen, Grete 73
Pullover (Färöer) 90

Ragnarök-Epos 23
Rapace, Noomi 141
Ratia, Armi 74
Redzepi, René 114
Refunite 135

Rentier 26, 62
Restaurants
    Fäviken 122
    Noma 114
    Savoy (Helsinki) 86
    Three Crowns Restaurant 121

Reykjavík 19, 49, 170
Rohde, Martin 144
Rotne, Georg 161

Salander, Lisbeth 141, 150
salmiakki 117
Samen 62
Samúelsson, Guðjón 170
Sandqvist, Anton 98
Sandqvist-Rucksack 98
Sauna 57
Savoy-Restaurant 86
Savoy-Vase 86
Schauspieler
    Bodnia, Kim 144
    Garbo, Greta 131
    Gråbøl, Sofie 138
    Helin, Sofia 144
    Henriksson, Krister 142
    Knudsen, Sidse Babett 147
    Mikkelsen, Mads 135
    Rapace, Noomi 141
Schlittenhunderennen 61
Schloss Christiansborg 147, 162

Schloss Kronborg 163
Schonische Heringsakademie 104
Schriftsteller
   Dahl, Arne 148
   Jansson, Tove 156
   Läckberg, Camilla 143
   Larsson, Stieg 141, 150
   Lindgren, Astrid 153
   Mankell, Henning 142, 152
   Nesbø, Jo 149
Schuhe
   Acne Pistol Boots 96
   Clogs 93
   Hummel High-Tops 92
   Ilse Jacobsens Gummistiefel 95
   Swedish Hasbeens 93
Schwimmen 49, 55
Selbu-Socken 85
Serie 7 79
Shakespeare, William 163
Sisimiut 63
Skansen 179
Skilanglauf 63
skyr 112
smörgåsbord 121
Snorralaug 49
Sognefjord 43
Sommerhaus 177
Sommersonnenwende 103
Sparre, Victor 173
Spitzbergen 47
Stabkirchen 168
Stadil, Christian 92

Stockholm 16, 167, 179
Stokke Tripp-Trapp-Hochstuhl 89
Stühle
   Serie 7 79
   Stokke Tripp-Trapp-Hochstuhl 89
Suomalainen, Timo 171
Suomalainen, Tuomo 171
Swedish Hasbeens 93

Temppeliaukio-Kirche 171
Thermalquellen 49
Thor (Gott) 15, 26, 107
Three Crowns Restaurant 121
Thyrker 14
Tivoli 165
Tómasdóttir, Sigríður 53
Totem 24
Tracht (*bunad*) 30, 103
Trier, Lars von 133
Tripp-Trapp-Hochstuhl 89
Trolle 23, 27
Tromsø 173
tupilak 24
Türharfe 32
TV-Serien
   »Borgen« (»Gefährliche Seilschaften«) 147
   »Die Brücke« 144, 161
   »Die Mumins« 156
   »Kommissarin Lund – Das Verbrechen« 90, 138

»Millennium-Trilogie« 141, 150
»Wallander« 142, 152

»Unisex«-Pantoffeln 84

Vasa-Museum 16
Vase (Savoy) 86
Vedel, Kristian 76
Vergnügungspark 165, 167
Vinterberg, Thomas 133
Volkstanz 103
Voltelen, Mogens 80

Walderdbeeren 108
Walküren 44
Wallander, Kurt 142, 152
Wallén, Pia 84
Wandern 52, 53, 67
Wasserfall Gullfoss 53
Weihnachten 26, 27, 58, 127
Weihnachtsdekoration 125
Weihnachtsmänner 27
Wikinger 14, 15, 19, 26, 39, 44, 112, 168
Wilhelm II., Kaiser 174
Woden (Gott) 26
Wohlbefinden 58

Zimtschnecke (*kanelbulle*) 118

BILDNACHWEIS

Alamy AF Archive 140, 145; Andrea Innocenti/CuboImages srl 166; Andreas von Einsiedel 81; Bygone Collection 31; Hipix 157; Inge Døskeland 65; Moviestore Collection Ltd. 139; Nils-Johan Norenlind/age fotostock Spain, S.L. 54; Photos12 146; Raga Jose Fuste/Prisma Bildagentur AG 17; Ragnar Th Sigurdsson/Arctic Images 18; Rainer Martini/LOOK Die Bildagentur der Fotografen GmbH 60; Ros Drinkwater 94; Sanna Lindberg/es-cuisine/PhotoAlto 105; Stuart Forster 87; Yadid Levy 164. **Bang & Olufsen** 82. **Bridgeman Images** Victoria & Albert Museum, London 154. **Corbis** Robert Levin 78. **Courtesy of Malene Birger** A/S 97. **Fäviken** Erik Olsson 123. **Getty Images** Anders Blomqvist 178; Desmond Morris Collection/UIG 25 links, 25 rechts; Fine Art Images/Heritage Images 20; Francois Durand 134; Silver Screen Collection 130; Tuul/hemis.fr 66. **Kakslauttanen Arctic Resort** 68. **Marimekko Corporation** Helsinki-Helsingfors, design by Per-Olof Nyström for Marimekko 75. **Noma** Mikkel Heriba 115. **Press Association Images** Monica Schmidtz/TT News Agency 151. **Sandqvist** 99. **Shutterstock** Anton_Ivanov 42; Borisb17 180; Brykaylo Yuriy 175; Jamen Percy 45; kimson 160; Olga Miltsova 110; Robert Rozbora 48; vichie81 172.

DANK

Autor und Verlag möchten sich bei Jon Sadler von Arrow Films für seine Hilfe und Unterstützung bedanken. Dank gilt auch Barry Forshaw, Kajsa Kinsella, Jane Ace, Cathy Heath und Anna Southgate für ihre Beiträge zu diesem Buch.

Mitarbeiter der Originalausgabe:

Redaktion Hannah Knowles

Projektleitung Alex Stetter

Künstlerische Leitung Juliette Norsworthy

Design und Illustration Grace Helmer

Bildredaktion Jennifer Veall

Herstellungsleitung Sarah-Jayne Johnson

Text Kajsa Kinsella